主体的・対話的で深い学びに導く

学習科学ガイドブック

大島　純
千代西尾祐司　編
Jun OSHIMA & Yuji CHIYONISHIO

北大路書房

序章

教育をよりよくしていく
教養としての学習科学

経験や憶測でなく科学に基づいて教育・学習を考える

　本書は，読者一人ひとりがそれぞれの立場から日本の教育改革を支える担い手になることを期待して，内容構成を組み立てています。学習科学は，人の学びに関わる多様な方々に役立つ研究分野です。なぜなら学習科学は，学びの主体者である学び手の成長を第一とし，人の学びのメカニズムに関する数多くの知見を融合させ，その視点から授業を設計し，実際に授業実践と評価のサイクルを繰り返しつつ，継続的な教育改革のために教師の学びや教育政策との連携も重視する，教育改革全般を対象にした学問分野だからです。

　現在の公教育は，19 世紀の産業革命後に設計された多くの形態を未だに引きずっています。公教育が生まれた時代，人の学びに関する科学的研究は未発達でした。20 世紀後半になってテクノロジが進化していくにつれて，人の学びに関する諸科学でさまざまな証拠が世界中で蓄積され，公教育の課題点がいくつも明らかになる中で，学習科学の研究領域が生まれたのです。

　21 世紀の知識基盤社会になった今，わが国でも 10 年に 1 度の学習指導要領の改訂により，主体的・対話的で深い学び（アクティブ・ラーニング），最新テクノロジの活用などによって「教育改革」を進めているとされています。しかし，評価されている授業実践や教育政策の議論の動向を学習科学の視点から検証すると，旧来の公教育の考え方と根本が変わってないことも多く，非常に残念な気持ちになります。ここには，学習の科学的な証拠に基づかず，「日本

の教育は評価が高いのに何が悪いのか」「自分が受けて良かった／良くなかったから，これがいいはず」「最近人気のある内容・方法だから，いいはず」と，未だに経験や憶測によって教育が支配されている現実があるからです。

　本書は，経験や憶測によって右往左往する教育改革から脱却し，世界各地で積み重ねられた学習の科学的知見に基づく教育改革を実現するために，全員が知っておくべき，いわば教養としての学習科学の入門書です。学習科学を研究したいという人だけでなく，教職を志望する大学生・大学院生，関連領域の研究者，学校現場の先生，教育政策を検討する人，教育産業に関わる人，保護者の立場から教育を考える人など，各人各様に役立つ知見が整理されています。

新しい学びの考え方を知ることの価値

　第1部では，学び手が深く学ぶメカニズムや学び手を取り巻く学習環境を整理しています。これまでの多くの教育心理学などの書籍では，学習環境の視点ではなく学問分野の構成や歴史に基づいて均一に紹介される場合が多いのですが，本書は，人が学校内・外をとおして，さまざまな学習環境の中で学び深めていく過程で重要なポイントとなる知見を，構造的に整理してまとめています。第1部をとおして「主体的・対話的で深い学びが実現できているときには，人はこんなふうに学ぶのだ！」という全体像（学習者モデル）を自身の中で洗練することができます。学習者モデルとは，ふだんみなさんの頭の中で「こんなときにつまずくよね」「こんなふうに勉強するものだよね」みたいにイメージとして描きもっているものです。

　大学生・大学院生・研究者として，人の学びに関する研究を進めていくうえで重要なのは，諸研究を関連づけて統合し，人の学びの全体像，「学習者モデル」を見直すことです。そして，その先さらに疑問が生じて解明したい要素については，常に学習科学に基づいた学習者モデルと対応づけ一貫性を保ちながら研究を進めていくことが大事です。そうしなければ，研究によって得られる人の学びの知見が非常に限定的で発展性の乏しいものになってしまいかねません。

　教職を目指す方・学校現場の先生方・教育政策・教育産業に関わる方・保護者の方は，これまでの経験をとおして自身の中にもっている「こういうとき人はうまく学べているはずだ」という考えと対比させながら読み進めてください。

経験則に基づき「うまく学べる方法だろう」と思っていたことは，もしかしたら，実際は学習効果に持続性がなかったり，幅広く役立つ方法ではないかもしれません。このような視点で第1部の新しい学びの考え方を知ることで，ふだんの授業づくり，教材開発，教育政策の提言づくりにおける有識者らの意見の正しさや，子どもたちが通う公教育，塾，習い事の教育サービスについて，より確かな視点で判断できるようになるでしょう。

新しい学びのための授業設計を知ることの価値

　第2部では，学習科学の研究領域内でよく知られている効果的な授業実践研究を紹介するとともに，実際に授業設計をしていくうえで欠かせない考え方や方法，評価方法について具体的に紹介しています。ここでは1回の授業にとどまらず，単元内や単元間，授業時間外も含めるような包括的な視点からカリキュラム全体の設計も重要であることが示されています。第2部をとおして「主体的・対話的で深い学びを実現するために必要な授業設計」を心がけていくうえで核心となる考えを，自身の中につくり上げることができるでしょう。

　大学生・大学院生・研究者のみなさんが，学習科学の視点から新たな学びのための授業設計を知ることによって，学校現場に関わる研究者として，より実践の過程や成果を丁寧に分析し，フィードバックすることが可能になります。また，第1部と第2部の内容を対応づけることで，単なる現場感覚ではなく，理論と証拠に根ざしたかたちで新たな学びの授業設計と評価を考えていくことが可能になります。

　教職を目指す方・学校現場の先生方・教育政策・教育産業に関わる方・保護者の方は，国内で実施されている数多くの実践を建設的に見直す視点を得ることができます。最近，主体的・対話的で深い学び（アクティブ・ラーニング）の実践が広がり，関連書籍も多く出版されていますが，それら実践の有効性について，見分けることができるようになります。たとえば単にかたちだけアクティブに見える活動になっていないかどうか，人の学びのメカニズムをうまく生かした実践になっているかどうか，その実践がいかなる学習成果を生み出しそうか，などです。教育政策者としては，いかなる実践事例を収集し，広めるべきかの判断が可能になるでしょう。教育産業に関わる方は，効果的な学習環

境を提供する責務があると考えられます。開発される教材やツールによって，学習環境のデザインに大きな影響を与えるからです。保護者は，本書の内容と対比することで子どもたちが置かれているさまざまな学習環境を的確に評価できるようになるでしょう。

継続的な授業改善のために教師の学びを知ることの価値

　第3部では，それぞれの立場の人が互いに関わり合いながら，授業改善や教育改革を進めていくための学習科学研究を紹介しています。新しい学びの実現には，「進め方」も新しい方法で進めていく必要があるでしょう。

　大学生・大学院生・研究者のみなさんは第3部をとおして，学校現場や自治体，教育行政とのコラボレーションがいかに重要かという視点と，新たな研究の進め方を具体的に知ることができます。単に論文を執筆するための研究ではなく，学校現場や社会の教育改革に役立つ研究に高めていくヒントが盛り込まれています。

　教職を目指す方・学校現場の先生方・教育政策・教育産業に関わる方・保護者の方は，継続的に日本の教育を良くする担い手になるために必要な情報を得ることができます。教職を目指す方・学校現場の先生方は，伝統的な授業研究で何が実現できていないかを見直し，学習科学に裏打ちされた質の高い授業改善を身につけることができます。実践にぜひ取り組んでいただければと思います。教育政策者は，教育システム全体を俯瞰し，継続的に学校改革を進めていく仕組みを構築するうえで役立つ情報を得ることができるでしょう。教育産業，保護者の方々は，教育政策や学校の取り組みの質に対して関心をもって判断することができるようになるでしょう。

　本書は，わが国の教育の未来のために，役立てていただけるものです。なお，本書以外にも，翻訳書をはじめ，日本語で執筆された学習科学の関連本が増えてきています。本書を入門的に読まれた後には，ぜひ他の学習科学の書籍も手に取り，そして，学習科学関係者と交流していただき，知見を深めていただければと思います。

目　次

序　章　教育をよりよくしていく教養としての学習科学　　i

第 1 部
新しい学びの考え方

深い学び　3

1.1　スキーマとメンタルモデル　4
□ スキーマ：知識は構造化されている／□ メンタルモデル：人は自分の知っていることをダイナミックに組み立てて利用する／□ メンタルモデルをどう記述することができるか？

1.2　誤概念と概念変化　9
□ 誤概念の具体例／□ 誤概念の原因／□ 概念変化が起きる条件／□ 概念変化が起きない原因

1.3　モデルベース学習　13
□ モデルベース学習とは？／□ モデルとは？／□ モデルベース学習を反映した授業例／□ 学び手の理解を変化させるうえで必要な認知的葛藤

1.4　学習の転移　17
□ 学習の転移とは？／□ 学習の転移に影響すること／□ 学習の転移のもう一つの考え方

v

Chapter 2 対話的な学び 21

2.1 外化 22
- いろいろな知識を外化する重要性／■ 熟達者の考え方を外化して利用する／■ 自分の理解を外化する／■ 自分の考えを外化して他者と共有し，よりよくしていく

2.2 自己説明 25
- 自己説明のメカニズム／■ どのように，どのような内容を説明するのがよいのか

2.3 構成主義と構築主義 29
- 構成主義とは？／■ 構築主義とは？

2.4 コラボレーション 32
- 対話場面は大きく「共同」と「協調（コラボレーション）」にわけられる／■ 協調による対話はどのように学びを支えているのか／■ 教室での小集団活動を協調による対話として捉えるためには

2.5 学習共同体 36
- 学習共同体における学び／■ 学習共同体の社会規範が及ぼす影響

Column 学びのメタファ 41

Chapter 3 主体性のある学び 45

3.1 動機づけ 46
- 動機づけとは？／■ 興味／■ 積極的関与

3.2 メタ認知 49
- メタ認知とは？／■ メタ認知的知識とメタ認知的活動／■ メタ認知は自然にできるの？

3.3 自己調整学習 54
- 自己調整学習がなぜ大事？／■ 自己調整学習のメカニズム／■ どのような実践が自己調整学習につながるのか？

3.4 協調学習の調整 59
- 協調学習とは？／■ 協調学習における調整／■ 調整の実行に影響する要因／

目 次

　　　　　▶ 協調学習の支援：支援のスクリプト理論

3.5　学びに関する素朴理論　　63
　　　　　▶ 学びについての理解のめばえ／▶ 認識論的理解の発達

3.6　協調問題解決　　68
　　　　　▶ 「協同（協働）」と「協調」の違い／▶ 問題解決／▶ 協調して問題解決するときにどのようなことが起こるのか？／▶ どのように協調問題解決を組み込むのか？

Column　集団的認知責任　　73

第 2 部
新しい学びのための授業設計

主体的な学びを深める授業設計のために　　77

4.1　知識統合　　78
　　　　　▶ 知識統合とは？／▶ 知識統合をどう促すのか？

4.2　未来の学習のための準備（PFL）　　83
　　　　　▶ 未来の学習のための準備（PFL）とは？／▶ PFL のデザイン事例：事例対比と自己考案／▶ 準備活動のデザイン原則／▶ PFL の有効条件

4.3　生産的失敗（PF）　　87
　　　　　▶ 生産的失敗のデザイン事例／▶ 失敗が後の学習の質を高める理由／▶ 生産的失敗を導く問題解決活動のデザイン原則／▶ 説明に先行する探索的な活動の重要性

4.4　動機づけの授業デザイン　　91
　　　　　▶ 初学時における授業デザイン／▶ 有望なデザイン原則の適応

4.5 ラーニング・プログレッションズ　94
　■ ラーニング・プログレッションズとは？／■ カリキュラム構成原理としての特徴／■「現在進行系」のラーニング・プログレッションズ／■ 21世紀型スキルに対するラーニング・プログレッションズのアプローチ

4.6 マルチメディア学習　98
　■ マルチメディア学習とは？

4.7 複雑系　101
　■ 複雑系とは？／■ 複雑系の学びとその難しさ／■ 複雑系をどのように教えていけばいいのか／■ 日本の教育で問われることのない「複雑系」という考え方

4.8 知識構築　105
　■ 知識構築とは？／■ 知識構築の学びを実現するには

Chapter 5　学びを深めるための対話を授業に取り入れる　109

5.1 議論　110
　■ 議論とは？　議論はなぜ学びにとってよいのか？／■ よい議論ができるようにするにはどうしたらよいか？

5.2 分散認知と分業　115
　■ 分業をとおした分散認知システムと学びの機会／■ どのような分業が分散認知システムをはたらかせるうえで必要なのか？

5.3 シミュレーション　120
　■ シミュレーションとは？／■ Mathematical Imagery Trainer／■ MEteor

5.4 探究学習　123
　■ 探究学習とは？／■ 探究学習のねらい／■ 探究学習における教師の役割：足場かけ／■ 探究の質的な違い

5.5 自己説明を促す教授法　128
　■ 模範例／■ 相互教授法／■ 事例対比

5.6 社会数学的規範　132
　■ 社会数学的規範とは？／■ 数学的規範と教室での社会的規範／■ 社会数学的規範に期待される数学の学び／■ 社会数学的規範の形成に寄与する学び手の主体性

Chapter 6 学び手の主体性を重視した授業設計のために　137

6.1　真正な学習　138
■ 学びにおける真正性／■ 真正性のある学びを実現する教授法：認知的徒弟制

6.2　メタ認知と自己調整を促すには　142
■ 自律性を支援するための教師の指導／■ ポートフォリオ／■ ワークシートや授業の流れの工夫

6.3　深い学びを捉える ICAP フレームワーク　147
■ ICAP フレームワークとは？／■「深い理解」にいたるためのはたらきかけ

6.4　社会共有的調整学習　152
■ グループワーク中に発生する問題：社会認知的問題と社会感情的問題／■ 協調学習における学習の調整

6.5　リフレクション　156
■ リフレクションとは？／■ リフレクションの仕組み／■ リフレクションを育む教授法

6.6　足場かけ　160
■ 足場かけとは？／■ 誰（何）が足場かけをするのか？／■ 教師の役割再考

6.7　構成主義・構築主義的な実践　164
■ ものづくりをとおした学習／■ プログラミング教育

Chapter 7 新しい学びの評価手法と考え方　167

7.1　深い学びの評価　168
■ 学習者中心の評価：評価の三角形／■ ICAP フレームワークを応用してルーブリックをつくる

7.2　学習分析学　173
■ 学びを分析する方法を開発する／■ 学習分析学という新しい領域／■ 学習分析学の成果を形成的評価としてどう返すのか？

Column　認識的認知　177

第 3 部
教師の学び：継続的な授業改善のために

Teacher as Researcher Approach　181

8.1　授業研究（レッスンスタディ）　182
■授業研究とは？／■授業研究の機能／■「授業研究」再考

8.2　デザイン研究　187
■デザイン研究の基本的特徴／■デザイン研究の特徴：授業研究との比較／■デザイン研究の課題：参加者の主体性と革新的なデザインや知見の普及

スケールアップ型デザイン研究　191

9.1　学校の組織改革に向けた改善科学　192
■デザイン実施研究／■デザイン実施研究を行うときに必ず考えなければならないこと

9.2　活動理論　196
■共同体そのものの変容を評価するには／■活動システムの拡張

引用文献　201
索　引　217
編者対談　あとがきにかえて　221

PART 1

第1部
新しい学びの考え方

Chapter 1

第1章

深い学び

スキーマとメンタルモデル

■ スキーマ：知識は構造化されている

　スキーマ（schema）は，学びについての構成主義的な考え方を前提とした概念です。構成主義とは，学びは人の能動的な心のはたらきを介して成立するという考え方です☞ 2.3節。人はコピー機のように外界を写し取るように学ぶわけではなく，乳幼児の頃から，繰り返し経験するものからルールを見いだしたり，類似のものにそのルールを適用してうまくいくか確かめたり，当てはまらなければ別のアプローチをしたりと，外界を解釈し，外界と相互作用しながら学んでいくと考えられています。その中で構成される知識のまとまりが，スキーマと呼ばれるものです。

　私たちは「くだもの」から「りんご」「みかん」といった連想をしたり，「りんご」からさらに「赤い」といった色や「青森」といった産地を連想したりすることができます。このように連想できるのは，私たちの知識が**関連のあるもの同士，結びついて構造化されている**からだと考えられます。「りんご」から連想されやすいものと連想されにくいものがあるのもこのためだといえます。仮にすべての知識が意味のあるつながりがなく散らばって，ちりがつもった山のように存在しているならば，連想されやすさに偏りは生じないでしょう。

　知識が**構造をもった集まりをつくっている**ということは認知科学の一般的な見解です。このように，特定の内容について形成された知識の集まりをスキーマや**スクリプト**と呼びます。両者の違いは，知識の種類の違いにあります。知識は大きく「宣言的知識（事実や概念，あるいはそれらの間の関係性に関するもの）」「手続き的知識（○○するには××する，○○なら××するといった行動に関するもの）」「自己調整的知識（記憶や思考，学習をどのように調整すればよいかに関するもの）☞ 3.3節」の3種類があります（Schraw, 2006）。スキーマは特定の領域に関する宣言的知識の集まりを指し，スクリプトは特定の状況下で行う行動に関する手続き的知識の集まりを指します。この観点からいうと，学習とは，新しい内容をスキーマなど既存の構造の中に新たな項目として取り込み統合することだといえます。ですので，学習することでその構造が変化し

ていきます。
　このように知識が構造をもっていることには次のような利点があります。

- **たくさんの情報が整理された状態で存在できる**：当然ながら，特定の領域ごとに知識がまとまりを形成することで，整理された状態で知識をもつことができます。そのおかげで，特定の知識を必要とするとき，効率よく引き出すことができます。
- **情報を取り入れるために必要な労力が減る**：新しい情報を既存のスキーマの中に位置づけて（それは△△の一種だ，□□なタイプの△△だ，というように）取り入れることができます。□□に関する△△と位置づけることは，後でそれを手がかりに思い出すこともしやすくなります。そのものをまるごと記憶しなくても，こういうことだったというふうに捉え直すことで情報の容量を圧縮してコンパクトなかたちに変換することができます。
- **思考や問題解決を助けてくれる**：入ってくる情報について既存のスキーマが活性化することで，すべての情報が明示されていなくても，スキーマを当てはめて補ったり，解釈したりすることができます。たとえば曖昧なかたちを知っているものに引きつけて「命名」することや，文章を読むときに行間を読むということができます。

　以上のようにスキーマは学習において，知識を組織化し，駆使することを助けてくれるのです。こうした利点の一方で，注意すべき点もあります。

- **スキーマに基づく推測が正しいとは限らない**：既存のスキーマに合うように解釈することで間違った推測がなされることがあります。この結果，出来事について事実とは異なる記憶が形成されることもあります。

　ここで注目したいのは，私たちが意識せずとも知識のはたらきは自動的に起こっており，何に注目し，どう解釈するかや，何を思い出し，記憶するかという日常的な知的な活動に大きな影響を与えているということです。
　スキーマは授業づくりにどのような視点を与えてくれるでしょうか。学習はスキーマを形成し，つくり変えていくことだとすると，よく組織化された知識の体系をつくり上げていくことが目指すべき学びだといえるでしょう。そうす

ると，獲得すべき知識構造とはどのようなものであるのかを，まず明らかにする必要があります。そのうえで，教育は何をすべきかを考えることができます。

◨ メンタルモデル：人は自分の知っていることをダイナミックに組み立てて利用する

　人は，スキーマのように意味のあるかたまりとして知識を整理して記憶し利用するだけでなく，さらに，自分の置かれた問題状況に合わせてそれを「モデル化して動かしながら」利用することもできます。こうした形態の知識を**メンタルモデル**と呼びます。メンタルモデルは，さまざまな仕組みを人間が理解するために構築する知識表象の一つです。たとえば，読者のみなさんはご自宅のエアコンの冷房と暖房がどのような仕組みで動いているのかを説明できますか？　人によってその説明の真偽や細かさはそれぞれですが，たとえ理由を知らなくても「こんなふうになっているんじゃない？」と，私たちは，説明が要求されるたびにもっている知識を縦横無尽に組み合わせて説明のためのモデルを構築します。ここで構築されるのがメンタルモデルです。

　こうしたメンタルモデルは，人間が何らかの問題に直面してそれを解決しなくてはならない場面で活躍します。「何とかしよう」とする人間の知性が，その場しのぎにつくり上げるモデルでもありますので，必ずしも問題をうまく解決することができるとはかぎりませんが，「こういう場面ではこう振る舞う」という手続き的知識のスクリプトのように，メンタルモデルも人間が何らかの解決行為を行うための重要な知識ですし，間違えたら間違えたなりにそれを修正してより良いものにしていくことができるのです（モデルベース学習☞1.3節）。

　これまでに述べたように，メンタルモデルは人間の知識を柔軟に利用したものであり，人間が問題を認識したときに自ずとつくり上げられるものであるという特徴を踏まえると，教授・学習場面でその知識を効果的に活用すべきであることは，一目瞭然でしょう。人は，どのような場面でも，自ら何かを学ぼうとする姿勢をもちうるかぎり，学びという問題状況に直面すると言ってもいいかもしれません。すなわち「何かをわかろうとする」「何かを説明しようとする」という場面は常に学習場面であるといえるのです。この学びの初期段階で，こ

れまで私たちの中に延々と保持し続けてきた誤った信念は,「学び手は知らないから学びに来ているんだし,知識を使って考えることは何もできないんじゃないか」というものです。学習科学の世界では,この信念の誤りが明確に指摘されています。つまり,学び手は自ら知識を構築しようとする主体であると考えるのです(構成主義☞2.3節)。ですから,教授設計を行う者は,まず学び手が学び始めたときにどのようなメンタルモデルを学びの場に持ち込むのかについて,想定しておく必要があります。また,彼らのメンタルモデルの特徴やパターン分けが可能であれば,学び手自身が彼らの誤ったメンタルモデルを動かして問題を解決しながら,どのような誤りを経験して克服しなくてはならないかについても想定がつきます。このような学びの系統性を丹念に調べていけば,誰もが適切な理解をもつことができる(正しいメンタルモデルを構築できる)学びの軌跡を構成することができるのです(ラーニング・プログレッションズ☞4.5節)。

■ メンタルモデルをどう記述することができるか?

学び手がどのようなメンタルモデルを構築したのかを調べるためには,彼らのメンタルモデルを適切に記述せねばなりません。科学教育の研究領域では,学び手のメンタルモデルを,描画法をとおして明らかにしようとするものがあります。たとえば,「水が氷になるとき,いったい水にはどんなことが起こっているんだろう?」と学び手に問うと,先ほどのエアコンの例のようにさまざまな説明を絵に描いてくれることでしょう。それらの絵と,その説明から,私たちは個々の学び手がどのようなメンタルモデルを水の凝固の説明で動かそうとしているのかを理解することができます。

しかし,そうしたメンタルモデルの記述は,そのまま私たちが適切な支援を考えるために利用することはできません。なぜなら,個々の学び手が記述するメンタルモデルは,その構成要素もまちまちですし,詳細さも人によって随分異なります。そこで,学習科学者は,こうした学び手のメンタルモデルの一次的なデータを,同じ土俵で比較可能なモデルへと変換せねばなりません。ここではそのような方法の一つをご紹介しておきましょう。それは「構造・行動・機能」フレームワーク(structure-behavior-function framework:以下 SBF フ

レームワーク）と呼ばれるものです。このSBFフレームワークは，学び手の複雑な仕組みについてのメンタルモデルを，構造，行動，機能の3つの要素から構成するフレームとして捉え直すものです (Hmelo-Silver, Marathe, & Liu, 2007)。

　たとえば，水槽という一つのシステムを例に考えてみましょう。このシステムには多くの「構成要素（構造）」が存在します。たとえば，魚，植物，フィルターなどです。これらの構造はそれぞれ独特の「行動」をします。ここでいう行動とは，それぞれの構造がシステムの中で果たすべき目的をどのように果たしているかを表していると考えてください。フィルターを例にすると，その行動は，水中内の不要物をすくい取り，不要な化学物質を吸収し，アンモニアを無害な化学物質へと変換するなどです。そして最後に「機能」ですが，そうした構造が果たす目的そのものを意味していて，フィルターの例でいえば，水槽の中の不純物を取り除くということになるわけです。

　こうしたSBFフレームワークを用いると，さまざまなレベルの理解をもった学び手のメンタルモデルを比較可能な状態で記述することができ，レベルの低い理解を示すメンタルモデルに何が足りないのか，そして，その誤解をどのように解いていけばよいのかのヒントを導き出すこともできるのです。

1.2

誤概念と概念変化

　知識を教えることは，なかなかうまくいかないことが多いと思います。たとえば，教師がある知識を教えたとしても，しばらくすると，学び手はその知識を忘れてしまいます。「知識を憶えていない」という場合です。また，教師が教えた知識について，学び手はその知識を教えられたとおりに理解していないこともあるでしょう。「知識を誤って理解している」という場合です。

　本節で扱う**誤概念**や**概念変化**は，この後者の「知識を誤って理解している」ということに関係しています。誤概念とは，ある知識について，それをどのように誤って理解しているのかを意味します。また，概念変化とは，知識についての理解の仕方が変化することを意味します。なお，「概念」という用語が使われている理由は，「知識を誤って理解している」ことについて，多くの研究が知識の中でも概念的知識を対象にしてきているためです。ですので，このセクションでは，知識と概念は同じ意味の用語であるとみなして読み進めてください。

■誤概念の具体例

　「知識を誤って理解している」とは，具体的にはどういうことなのでしょうか。右の「物理の運動の例」(Schwartz, Tsang, & Blair, 2016) をとおして考えてみましょう。

　みなさんはどれを選ばれましたか？　正解は，(1)

(1) 机の上に置いてあるチューブを真上から見ています。ビー玉がチューブを通って，チューブの外に高速で飛び出しました。ビー玉はどのように飛び出すでしょうか。

(2) 走っている人がボールを落としました。ボールは地面のどこに落ちるでしょうか。

(3) 大砲が弾丸を発射しました。弾丸の軌跡はどれでしょうか。

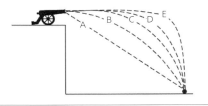

図　物理の運動の例 (Schwartz et al., 2016, p.261より作成)

がD，(2) がC，(3) がBです。もし不正解だったとしても，どれを選んだかは重要です。というのも，どの選択肢を選んだのかで，運動についてどのような誤った理解をもっているかを推測することができるからです。

たとえば，(1) でAかCを，(2) でBを，(3) でCかDかEのいずれかを選んでいた場合，「運動する物体は力をもっている。その力が使われることによって，物体は運動する」という，科学的には誤った理解をもっていると推測できます。物理学においては，運動する物体は力をもっているわけではありません。運動する物体に力がはたらかないとき，その物体はそのまま運動し続けます。運動する物体に力がはたらくと，速度が速くなったり，逆に運動しなくなったりします。

◼ 誤概念の原因

知識を誤って理解してしまうことの原因は何なのでしょうか。やや抽象的にまとめますと，①教師が教える前から学び手が自分なりの理解をもっていて，②自分なりの理解が教師から教えられる理解の仕方と矛盾しており（つまり，誤概念であり），③教師から教えられた後でも，自分なりの理解を根本的に変えないから（つまり，概念変化しないから），となります。

自然の事物や現象について，それらの原因を考えたり，この後どのようになるかを予測したりする中で，自分なりの理解はつくられます。日常生活の中で繰り返し確認され，それが確からしいという実感を得ている自分なりの理解はなかなか強固です。それが学校で教師から教えられた理解と違っていたとしても，自分なりの理解を根本的に変えることは難しいのです。

◼ 概念変化が起きる条件

ここまで見てきたように，教師が教える前から学び手は自分なりの理解をもっており，その理解が誤概念である場合，教師から教えられた後でもすぐに概念変化しないことがあります。その一方で，学び手の理解は永遠に誤概念であるわけではなく，教師が教えるとおりの科学的に妥当な理解の仕方へと概念変化することも多くあります。誤概念や概念変化に関する研究では，どのような条件で概念変化が起きるのか，その条件の解明にも取り組んできました。た

とえばポズナーら（Posner et al., 1982）は，学び手が概念変化するためには，次の4つの条件が必要だと述べています。

［条件1］　教師が教える前から学び手がもっている自分なりの理解に対して，学び手が不満をもつ：自分なりの理解の仕方では事物・現象の原因がよくわからない，自分なりの理解に基づいた予測と異なる結果が起きるというように，学び手が自分なりの理解の仕方の信頼性を落とすことによって，それまでの理解に満足できない状態のことです。

［条件2］　教師が教える理解の仕方について，それがどういう内容なのかを学び手がわかる：教師が教える理解の仕方だと，事物・現象の原因がどのように説明されるのか，その説明の内容が正しいと思うか間違っていると思うかは別として，その説明がどのような内容を意味しているのかを学び手が把握できる状態のことです。

［条件3］　教師が教える理解の仕方について，それが妥当であるということを学び手がわかる：学び手の自分なりの理解の仕方で説明できる事物・現象の原因は教師が教える理解の仕方でも説明できるし，学び手の自分なりの理解の仕方に基づいて事物・現象を予測できるのであれば，教師が教える理解の仕方でも予測ができるということを学び手がわかることを意味します。また，関連する他の知識と矛盾なく整合性をもつということも意味します。

［条件4］　教師が教える理解の仕方について，それが生産的であるということを学び手がわかる：教師が教える理解の仕方は新しいことを生み出したり発展をもたらしたりする可能性を秘めているということを学び手がわかることを意味します。

このような概念変化が起きる条件から，学び手がもっている誤概念である自分なりの理解の仕方を科学的に妥当な理解の仕方へと変化させるために，教師はどのように支援すればよいのかのヒントを得ることができます。

■ 概念変化が起きない原因

概念変化が起きる条件が解明されてくると，概念変化が起きない原因はそう単純ではないということも明らかになってきました。チンとサマラプンガヴァン

(Chinn & Samarapungavan, 2008)は，概念変化が起きない原因の一覧表を作成しています。その中で，概念変化が起きない原因は30個ほど列挙されていますが，それらの原因は次のようなまとまりに整理されています。

　a：教師が教える理解の仕方がそもそもわからない（ポズナーらの［条件2］と同じ）
　b：教師が教える前から学び手がもっている自分なりの理解の仕方の特徴（自分なりの理解の仕方が正しいと強く信じている，自分なりの理解の仕方が反証できないという特徴をもっているなど）
　c：知識や理解そのものについての考え方（よりよい理解とはどのようなものかについてわかっていない，自分なりの理解の仕方と教師が教える理解の仕方をどのように比較したらよいかがわかっていない）
　d：学び手の目的意識（理解の妥当性や生産性をそもそも追究しようとしていないなど）
　e：観察・実験結果と理解の仕方との関係づけ（観察・実験結果から自分なりの理解の仕方と教師が教える理解の仕方のどちらが正しいといえるのかがはっきりしていない，観察・実験結果が信頼できないと思っているので理解の仕方の変化に結びつかないなど）
　f：科学的な権威を誤って理解している（教師が言っているからとか，教科書に書いてあるからというだけの理由でその理解の仕方が正しいと信じるなど）
　g：科学的な思考の一つである推論（観察・実験結果と理解の仕方について表面上の一部しか注目しないなど）

　ポズナーらの概念変化モデルでは条件は4つだけだったのですが，チンとサマラプンガヴァンが整理した概念変化が起きない原因を見てみると，もっと多くのことが概念変化に関係しているということがイメージできると思います。とはいえ，すべての原因が解消しないと概念変化が起きないというわけではありません。どれか一つの原因が解消されただけでも，概念変化が起きることもあります。したがって，ポズナーらの4つの条件に加えて，チンとサマラプンガヴァンが整理した原因を参照すれば，概念変化を引き起こす支援のヒントをさらに得ることができるでしょう。

1.3 モデルベース学習

■ モデルベース学習とは？

　日々の生活でものごとを理解するうえで図式は重要な役割をもっています。目的地への移動に電車やバスを利用する際に目にする地図や路線図をイメージするのが最も簡単ですが，たとえば教科書に書かれている抽象的で複雑な概念を理解するうえで図表があるとわかりやすいと感じる方は多いと思います。一方で，自ら図式化することで自身の理解を整理し，他者に伝え，対話をとおして深めることもできます。たとえば，取り組んでいる作業の手順をフローチャートにまとめることで自身の考えが整理できた経験や，他人に自身の考えていることを伝えようとするとき，話し言葉だけで説明するよりも図を使って説明したほうがより伝わった経験，それに対する話し相手のコメントで新たな気づきを得た経験があるのではないでしょうか。このような図式(モデル)や図式化(モデリング)を明示的に学習活動に組み込むことで深い学びに導く方法を「**モデルベース学習**（Model-Based Learning）」(Gobert & Buckley, 2000) といいます。本節では，モデルベース学習の基本的な考え方と授業例，人の理解を変化させるために必要な**認知的葛藤**（cognitive conflict）を紹介します。

■ モデルとは？

　モデルとは学習の対象となる知識体系を単純化した表現であり，対象の主要な要素や関係，過程等を図式化したものを指します。例として，斜面上の物体の運動において，傾きを大きくすると斜面方向の力が大きくなる関係は図のように物体にかかる重力を斜面に平行な分力と斜面に垂直な分力を描くことでモデルとして表現できます。一般の授業では，教師が教えたい内容を

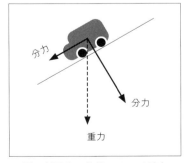

図　斜面上の物体にかかる重力

わかりやすく説明する目的でモデルが活用されることが多いでしょう。

これに対し，モデルベース学習は学び手自らが自身の理解に基づいて図式化（**モデリング**）を行い，実験や観察，議論をとおして自身のモデルを繰り返し修正することで知識の理解を深める授業方法です。具体的には，まず学び手が自身の理解を元に仮説としてのモデルをつくります。次に，教師のガイダンスに沿って実験や観察，議論を行い，得られたデータが自身のモデルによって十分に説明できるかを検討します。また，他者とモデルやデータを共有し比較しながら，どのモデルがよりよく現象を説明できるかを議論します。この一連のプロセスをとおして，学び手は自身のモデルに足りない要素や関係，過程を追加する，あるいはデータに反する部分を修正していきます。モデルベース学習の最大の特徴は，モデルを教師による説明の道具として使うのではなく，学び手自らがモデリングを繰り返し行いながら自らの理解を深めていく点にあります。一方の教師には，学び手のモデリング活動に必要な道具や環境を準備し，学び手のモデルとデータとの整合性や科学的な議論☞ 5.1節 に向き合う態度・姿勢を醸成していく「足場かけ☞ 6.6節」の役割が求められます（ライザー・タバク，2018）。

■ モデルベース学習を反映した授業例

それでは，モデルベース学習を反映した授業とは具体的にはどのように行われるのでしょうか。さきほどの斜面上の物体の運動を考えてみましょう。たとえば，教師はまず机の上に板を使って斜面をつくり，台車をセットして手を離すと台車が低い方向へ移動する様子を見せ，学び手にワークシート上に描かれた台車にかかる力の向きを矢印で描いてもらいます。この法則について知識のない学び手であれば，重力の存在を意識して垂直下方向に矢印を描いたり，台車の進行方向に矢印を描いたりします。そこで，2つの仮説のどちらが正しいか議論させてみます。そうすると，たとえば進行方向説の立場をとる学び手が「力がかかっている方向に台車は進むはず」と主張し，重力説の立場をとる別の学び手は進行方向説に対して「誰がその力を加えているのか」「押してもないのに台車が進むのはなぜか」という問いを投げかけます。これに対して進行方向説の学び手は反論する材料がなく重力説を認めるか，重力の一部が進行

方向にはたらくといった反論をします。このような学び手の素朴な理解や仮説に基づく議論の後にもう一度モデルを描いてもらうと，重力と進行方向の2つの矢印の両方が描かれているモデルなど，前回とは違ったモデルが出てくるでしょう。

次に，記録タイマーを使った実験を行います。斜面の角度を変えた複数の条件下での速さのデータを集めてグラフにまとめます。そして，今度は各条件の結果を比較させながらデータの根拠について議論させると，傾きが大きくなると速さの変化率（＝加速度）も大きくなる関係から力と加速度の関係について言及する学び手が出てくるでしょう。再びモデルを描かせると，重力の一部が進行方向にかかる分力と斜面の傾きの関係を反映したモデルを描く例が増えるはずです。さらに時間がとれるようであれば教師から斜面に垂直な方向の力に関する問いかけをしてもよいですが，学び手のモデルが教科書のモデルにある程度近ければ，教師から学び手のモデルや実験のデータを言及しながら最後に垂直抗力を含めた解説を与えてもよいでしょう。

以上のように，モデルベース学習を反映した授業では，教師は教科書のモデルを最初から直接見せて説明するのではなく，学び手が自身の理解を反映したモデルをもとに，素朴な理解または仮説に基づく議論や，実験や観察をとおして得られたデータに基づいてモデルを修正し，また他人のデータやモデルと比較してよりよく説明できるモデルを選択していく探究プロセスを充実させます。前半の素朴な理解や仮説に基づく議論のフェーズは学び手がすでにもっている知識（＝既有知識）を活性化するのに有効です。後半の実験や観察のデータからモデルを検証するフェーズは，既有知識または学び手の素朴な理解を科学的に正しい理解に変化させるのに必要なプロセスです。なお，個体・液体・気体の状態変化など，教室環境では対象の現象を検証する実験や観察が困難な場合には，NetLogo ☞ 4.7節 など，現象をシミュレーションできる専用のソフトウェアを使って授業を行うことでモデルベース学習を実現できます。

■ 学び手の理解を変化させるうえで必要な認知的葛藤

以上のように学び手が自身の理解をモデルとして明示的に描き出し，仮説や実験，観察に基づいてモデルの修正の繰り返しをとおして学び手の理解（概念）

を変化させることがモデルベース学習のおもな特徴です。この考え方は、学び手の新たな理解は既存の理解を土台にして構成されるという学習観を反映しており、科学的なモデリングや検証活動をとおして既存の理解の変化を促す点がモデルベース学習の特徴といえます。

　しかし、先行研究からは学び手の素朴な理解は強固で、科学的な実験や観察を行っても学び手の理解を変化させることは容易ではないことも知られています☞ 1.2節。この原因の一つとして、学び手は目に直接見えるものから解釈しようとして、その現象の背後にある法則やメカニズムに注意が向きにくい傾向があります（Grotzer, 2012）。また、自身の理解では説明できない現象やデータを目の当たりにしても例外として無視または歪曲し、それ以上の探究が起きにくい場合もあります。これは、人が自身の理解に沿う解釈を優先してしまう確証バイアスを示しています。

　チンとブリューワー（Chinn & Brewer, 1998）は、学び手が理解を変化させるには、まず①自身の理解（モデル）に沿わない変則的なデータを妥当として認め、②変則的データの説明を検討するプロセスに取り組む必要があると述べています。この変則的データに対する学び手の反応は、学び手の先入観または既有知識や、変則的データの特徴、批判的な解釈の方略の有無、科学的な知識の特徴の組み合わせに依存します。つまり、モデルベース学習が有効に機能するためには、実験や観察、モデリングを行う機会を与えるだけでは不十分であり、学び手が自身の理解では説明できない観察またはデータに直面し、認知的葛藤の状態から自身の考えを修正する必要性に気づかせる教師の役割が重要となるのです。

学習の転移

◪ 学習の転移とは？

　学習の**転移**とは「学習したことを別の場所や別の時間で活用する・応用する」ということです。学習科学の背景学問分野である心理学や認知科学では，学習の転移について研究が行われてきました。これらの研究成果は学習科学の研究へ引き継がれています。学習の転移に関する研究成果が教育を考える際にどのようなヒントを与えてくれるかについては，『授業が変わる（*Schools for Thought*）』（ブルーアー，1997）や『授業を変える（*How People Learn*）』（米国学術研究推進会議，2002）という書籍にまとめられています。

◪ 学習の転移に影響すること

　ある内容を学習した後，別の場所や別の時間に，学習したことを活用・応用できる学び手もいれば，できない学び手もいます。また，学習する内容によっても，学習したことを活用・応用できる場合もあれば，そうでない場合もあります。このように，学習の転移は起きるときと，起きないときがあるということが，学習科学研究において確かめられています。

　それでは，学習の転移が起きる／起きないには，どのようなことが影響するのでしょうか。これまでの研究から，学習内容の他に，学習の仕方が転移に影響すると考えられています。

● 理解の影響

　学習する知識や問題を解く手続きを単に暗記するだけだと転移はなかなか起きないのですが，知識や手続きの意味についてよく理解して学習すると転移は起きやすくなります。

　ヴェルトハイマー（Wertheimer, 1959）は，長方形の面積の求め方を学習していて，平行四辺形の面積の求め方をまだ学習していない学び手を対象として平行四辺形の面積の求め方の学習について，「暗記型の学習をする」グループと，「理解型の学習をする」グループに分けて学習させました。学習を行った後，2つの

グループとも，学習したときの問題とは違う応用問題（学習の転移に関する研究では，これを「転移課題」と呼びます。以下でも「転移課題」という用語を使います）を解かせました。

さて，どちらのグループが，転移課題をよく解けたのでしょうか。暗記型グループの学び手は，「まだ解いたことがない問題です」と答えるだけでした。一方，理解型グループの学び手は，学んだことを応用することができていました。

以上の研究結果は，面積の求め方について，その公式を単に憶える暗記型の学習をすると，新しい図形の面積を求める際に学んだことを応用することはできないが，図形上の関係を理解するという理解型の学習をすると学んだことを応用できることを示しています。

● **学習が関係づけられた文脈は単一か複数か**

学習する内容について，それが単一の文脈にのみ強く関係づけられた状態で学習されているのか，それとも複数の文脈に関係づけることができるように学習されているのか，ということも学習の転移に影響します。学習する内容が単一の文脈にのみ強く関係づけられたかたちで学習されていると転移はなかなか起きないのですが，学習したことを複数の文脈に関係づけることができるように学習されていると転移は起きやすいのです。

具体例として，「要塞の攻撃作戦」についての学習の研究を紹介します。

ギックとホリオーク（Gick & Holyoak, 1980）の研究では，大学生に，「将官と要塞」について解説されている文章を読んでもらい，重要な箇所をチェックするという仕方で学習してもらいました。「将官と要塞」に関する文章は，次のような内容でした。

> ある将官が国の中心部にある要塞を占拠したいと思っています。その要塞から放射状に延びているたくさんの道路があります。すべての道路には地雷が仕かけられているため，少人数の部隊であれば安全に道路を通ることができますが，大人数の部隊であれば地雷を爆破させてしまう危険性があります。したがって，総攻撃は不可能です。将官が採った作戦は，自分の部隊を少人数の部隊に分けて，それぞれの部隊が別々の道路を通るようにして，要塞へ同時に集結させる，というものでした。

「将官と要塞」に関する文章の学習の後，大学生には，放射線治療に関する転移課題にチャレンジしてもらいました。次の文章を読み，文書の最後にある問題に答える，という課題です。

> あなたは医師で，胃に悪性腫瘍ができている患者を受け持っています。患者を手術することはできません。しかしながら，腫瘍を死滅させないかぎり，患者は死にいたります。腫瘍を死滅させるために使用できる数種類の放射線があります。一度で放射線が腫瘍に届くような強い線量の放射線を集中照射すると，腫瘍は死滅しますが，腫瘍の周囲にある組織も一緒に損傷してしまいます。弱い線量の放射線であれば，腫瘍の周囲にある組織は損傷を受けないのですが，腫瘍にも効果を与えることができません。腫瘍の周囲にある健康な組織に損傷を与えずに腫瘍を死滅させるためには，どのような方法の放射線治療を採用すればよいでしょうか。

さて，大学生はこの転移課題を解くことができたでしょうか。残念ながら，この転移課題に正解できた大学生はほとんどいませんでした。この研究結果は，学習する内容が単一の文脈にのみ強く関係づけられたかたちで学習されていると転移はなかなか起きないということを示唆しています。

ところで，ギックとホリオーク（1980）の研究には，もう少し続きがあります。大学生は転移課題を解いた後に，「要塞を攻める方法」に書かれていた情報を使うと放射線治療に関する転移課題を解くのに役立つと，はっきりと伝えられました。そうすると，今度は，なんと 90% 以上の大学生が放射線治療の転移課題に正解したのです。この結果は，学習したことを複数の文脈に関係づけることができるように学習されていると転移は起きやすい，ということを示唆しています。

■ 学習の転移のもう一つの考え方

ここまで，学習の転移というのは「学習したことを別の場所や別の時間で活用する・応用する」ことであるとして，この学習の転移に影響を与えることについて解説してきました。実は，学習科学において，転移の考え方は，この一つだけではありません。

もう一つの学習の転移の考え方は、「転移課題にチャレンジする際にも何らかの新しい学習が起きていて、この新しい学習の仕方に以前の学習が影響する」というものです。言い換えれば、「以前に学習したことによって、その後に学習することを学習しやすくする」という考え方です。1900年当初というかなり以前の心理学における転移の研究では、このもう一つの考え方で捉えられる学習の転移についても扱われていましたが、その後は、この考え方で捉えられる学習の転移については、あまり研究されていませんでした。

　しかしながら、近年になって、この考え方で捉えられる学習の転移についての研究が行われてきています。この研究の特徴は、転移課題にチャレンジする際に起きる新しい学習について、そこでどのような学習が起きているのかを詳しく調べていることです。また、転移課題にチャレンジする際に、学び手に支援を行うことによって、教育的な観点から意図的に転移が起きるような学習の状況をつくり出すことにより、この状況での学習について詳しく調べることも行われています。本書の第4章で解説されている「**未来の学習のための準備**（PFL）☞ 4.2節」や「**生産的失敗**（PF）☞ 4.3節」などは、そのような学習科学における転移の研究です。このような研究が進むにつれて、学習の転移についての新しい知見が見いだされてきています。

Chapter 2

第 2 章

対話的な学び

外　化

■ いろいろな知識を外化する重要性

　私たちが日常的にうまく学んでいるときには，「自分の理解しなくてはならないことを観察できる」ことが効果的にはたらいています。そこで，理解の対象を観察しやすいように「通常頭の中だけで考えてしまう」ことを他の人がわかるように外に出してしまう学びの支援方法があります。これは**外化**と呼ばれるものです。学習科学では，この教授支援方法を大きく３つの流れで考えています。

■ 熟達者の考え方を外化して利用する

　よくできる人（熟達者）がどのように考えているのかを分析することで，学習のための熟達者モデルをつくり，支援方法を考えることができます。文章読解や作文技術を例にしましょう。多くの学び手は，文章を熟達者のように読んだり書いたりはできません。文章を読むことは「そこに書いてあることを憶えること」であり，文章を書くことは「自分の思ったことをそのまま綴ること」であると考えています。適切に書かれた文章には構造というものがあり，それを理解して読み解くことによって，説明文においても作者の意図を正確に理解することができます。また，他の人にわかりやすい文章を書くためには，「読者がどのようにその文章を読むのか」を考えながら書く必要があります。こうした読み書きに熟達した人々は，そうでない初心者とはまったく異なった考え方（認知活動）を行っているのです。

　熟達者モデルを利用して読解に問題のある子どもたちの能力を伸ばすことに成功した研究をご紹介しましょう (Brown & Palincsar, 1982)。その研究の中では，文章を読む際に熟達者がどのようなことを自分に問いただしながら文章を読んでいるのか（読解方略）を，プロトコル分析という手法を用いて明らかにしています。プロトコル分析とは，頭の中で思ったことを自然と口に出して言ってもらいながら問題を解決してもらうことで，その読者がどのように文章を読んでいたのかの読解方略を調べる方法です。すると，優れた読者は決してそのま

ま記憶しているわけではなく，文章の中に現れる重要な情報のかけらを意味あるかたちでつないでいく作業を丁寧に行っていたことがわかりました。そこに書かれていることを自分の言葉で表現しながら，それよりも以前のこととどのようにつながっているのか，また今後どのようなことが書かれていそうかを予想していたのです。

　研究者は，こうした読解方略を初心者の読み手が文章を読む際に意識的に利用する訓練をすれば，徐々に文章理解が上達するだろうと考えました。そして，初心者を対象に文章を読んでもらう際に，定期的に熟達者が頭の中でやっていることをやらせてみたのです。その結果，熟達者の読解方略を真似て使うことで，学び手の読解能力は向上したことが示されています。

◼ 自分の理解を外化する

　人間は，ふだん頭の中だけで考えていても，難しい問題に出くわすと考えていることを自然と口に出してしまいます。また，紙と描けるものがあれば，何かをそこに描き出そうとするでしょう。こうした行為は，人間が自分の思考を進めるために自然と外化を行った結果だといえます。

　では，どうして私たちの理解を外化することが，学びを促進するのでしょうか？　いくつかの理論がその説明をしています。一つは，**多重符号化仮説（理論）**と呼ばれるものです (Clark & Paivio, 1991)。私たちは，情報を視覚や聴覚から，画像やテキスト情報として受け取り頭の中で考えをつくります。その際に，異なる形式の情報（たとえば，テキストと画像）を組み合わせることによって，一つの形式の情報から理解するよりも深く考えることがわかっています。たとえば，読み上げられた文章を文字で書き出せば，それは視覚をとおして再度考えることができるようになり，頭の中では音声と文字で言葉を利用するといった具合に，2つの形式の情報を組み合わせることができるのです。

　もう一つは，**認知的負荷理論**と呼ばれるもので，私たちが頭の中で一度に考慮することができる情報量に着目した考え方です (Sweller, 1994)。人間が一度に考えることができる情報量にはかぎりがあり，「一度にたくさんのことを言われるとそのうちのいくつかは憶えていられなくなってこぼれ落ちてしまう」という経験は誰にもあると思います。これは，私たちの「一度に考えることができる」

情報の限界からきています。人間はその限界とうまくつき合いながら，学びを進めていかなくてはなりません。ただし，情報を外に書き出せば（外化すれば），書き出された情報は情報保持の限界の外に置くことができますので，頭の中では別の作業（書き出した情報について考えるなど）が可能になるのです。こうしてできるだけ頭の中で考えなければいけない情報量を減少させて，「内容についてよく考える」ための余力を残すことは，特に難しいことを考えるときには効果的です。また，**リフレクション**☞ 6.5節という，学ぶことそのものではなく，学んでいる最中の自分についての考えは，さらに追加される情報量ですから，私たちの頭の中での作業に大きな負荷となります。それを避けるためにも外化は，適切かつ効果的に学び手が利用すべき学習の方法なのです。

■ 自分の考えを外化して他者と共有し，よりよくしていく

考えを他の人との対話の中でよりよいものにしていく学習活動は非常に有効だと考えられています（**コラボレーション**☞ 2.4節）。その時に，言葉という最も頻繁に利用する情報の形式だけでなく，絵や動画，音声でのテキスト情報など，いろいろなものが利用できて，そこに書き出されたみなさんの考えに対して，お互いにコメントできるようなオンラインシステムがあったらどうでしょう？　現在みなさんがお使いの SNS は，こうした機能を兼ね備えたシステムです。

コンピュータに支援された協調学習という研究領域があります (Stahl, Koschmann, & Suthers, 2014)。ここでは，学び手の考えを外化させるいろいろな手段，そしてそれを他の人と共有するためのいろいろな手段を開発しています。私たちが気軽にインターネットに接続し，自分の手元のモバイルを使って考えを他の人と共有できるインフラは随分と進展しました。一方で，そのインフラでのコミュニケーションが学びをどのように促進するかについての適切な設計指針の開発が急務となっています。

自己説明

「主体的・対話的で深い学び」を実現するためによく利用される授業の方法の一つに,「学び手に何かを説明させる」ことがあります。プレゼンテーションなどをとおして,学び手に理解しているはずのことを話させるということもあるかもしれません。一方で,ふだん教えている立場の人でも,学んだはずのことを説明するということをとおして,わかっていないことに気づいたり,うまく説明できそうになかったことの意味をうまくつないだという感覚を経験したことがあるのではないでしょうか。このような経験をもとに,より深く能動的な学びを引き起こす活動として**自己説明**(self-explanation)が知られています。

自己説明は,「文章や他の媒体に提示された新しい情報を意味づける試みにおいて,自分自身への説明を行う活動」(Chi, 2000, p.163) です。上記のような他者への説明に比べて,自分自身に説明を行う活動というのは,あまり自然な活動ではありません。しかし他者への説明をしているときにも,自分自身の中でもその説明を聞いて,いろいろと気づくことがあるでしょう。そうしたはたらきが深い理解につながる重要な役割を果たします。

本節では,自己説明がどのようなメカニズムでより深い学びをもたらすのかについて説明します。

■ 自己説明のメカニズム

自己説明は,提示された情報をもとにして,どのような**メンタルモデル**が学び手の頭の中につくられるのか,ということと深く関係します。メンタルモデルとは,人があるものごとに対して「●●とはこういうものだろう」と思っているイメージのことをさします☞ 1.1節。たとえば,多くの人は京都や札幌の街は碁盤の目状にできているというイメージをもっているのではないかと思います。交差点には何条通りと何通りが交わっていることがわかる表示もありますので,東西南北が同定さえできれば,地図やGoogle Mapを見なくても,比較的現在位置をイメージしやすいと思います。一方で,他の区画整理のされて

いない街ですと，何がどこにあるかということは，話を聞いただけではなかなかイメージしにくいと思います。また，京都や札幌であっても，どこを中心に道路区画がつくられているかについてのイメージは，最初は人によって異なるかもしれません。たとえば，京都御所を中心にして一条二条と数えるか，それとも京都駅を中心にして考えるかは，より詳しい説明を聞かなければわからないでしょう。しかし，追加の説明を受けたり，地図を確認したりして新しい情報が手に入ることによって，私たちの頭の中により正確で一貫したメンタルモデルが形成されます。

文章や写真，映像のような情報が提示されたときにも，人はこうしたメンタルモデルを形成します。たとえば，次の2つの文を読んでみましょう (Chi et al., 1994)。

> ・中隔は，心臓を縦に2つの側面に分割します。
> ・右側は肺に血液を送り，左側は体の他の部分に血液を送ります。

この2文は一見すると別々のことを説明しているように見えます。もしかすると，学び手の中には，単にこの2文を別々の事実の説明と考えて，これらを明確に結びつけるということをしない人もいるかもしれません。しかし，既有知識をうまく使うことができれば，これを心臓の仕組みの説明として考えて，自分なりにメンタルモデルを修正していくことで，理解を構築することができます。たとえば，チィらは，よりよく自己説明できる学び手は，次のような説明を自らつくり出すだろうと言っています。

> そう，中隔は仕切りになっているから，血液が混ざらないんだね。それで，右側は肺，左側は体の他の部分に向かっているんだね。だから，隔壁は中隔を2つの部分に分ける壁のようなものなんだね……それは，血液が混ざらないように分離するようになっているんだね。　　　　　　　　　　(Chi et al., 1994, p.454)

ここでは，2つの**推論**が生じています。推論とは，利用できる情報をもとに，その規則やメンタルモデルに基づいて，結論や新しい情報を導く思考過程です。

これをみると，第1に左右の血液が混ざらないという事実。第2に，中隔が壁のようにしっかりしているという事実。これらの知識は心臓における血液循環の仕組みの理解に不可欠ですが，上記の2つの文章中には書かれていません。学び手はこのように，自己説明をとおして，与えられた情報を超えた知識を推論し，より精緻なメンタルモデルへと修正・更新しながら，理解を構築していくのです (Chi, 2000)。学び手は何も知識がなかったわけではなく，もともともっていた知識やメンタルモデルを活用しながら，推論をしているのです。

このように自己説明をうまくできる学び手は，自分の理解がどの程度うまくいっているかということを主体的にモニターする**メタ認知** ☞ 3.2節をうまくはたらかせることができます。チィら (Chi et al., 1989) の研究によれば，自己説明をうまくできない学び手に比べて，自己説明をうまくできる学び手は自分の理解の誤りを9倍ほど多く発見することができたといいます。

◾ どのように，どのような内容を説明するのがよいのか

自己説明はこのように学びを深めるうえで強力な効果をもつ方法ではありますが，効果的な学習を促すうえでは，何でも自己説明すればよいというわけではないこともわかっています。特に，レンクル (Renkl, 1999) の述べるように，説明することに対して消極的な人も存在するので，そうした人に対して，何ら工夫もせずに自己説明を促しても学習効果は上がりません。

キング (King, 1994) は，次にあげる3つの原則が，自己説明を効果的にするうえで大切だと述べています。第1に自分自身の言葉で説明すること，第2に「何，いつ，どこ」という問いよりも，「なぜ，どのように」という点を強調して説明すること，第3に，自分がすでに知っている知識を，新しい知識とつなげることです。しかし，これを単に示すだけで効果的な自己説明が行えるようになるわけではありません。まず，何より大切なのは，説明する対象に関するメンタルモデルをつくることが目標であることを学び手が知ることです。これを自発的に行うことは年齢によっては困難ですので，たとえば物理モデルや図・絵を使って説明することの練習を積み重ねるのがよいようです (Glenberg et al., 2004)。

いずれにしても，そうしたモデルをもとに，さらに学習前にどのように発言

すべきか，そのやり方を提示し，学び手に練習をさせることが大切です（Stark et al., 2002）。具体的には，次のようなやり方が有効な方略として考えられています（McNamara, 2004）。

- 与えられた文章を読んだ後で，自分の理解を（誤りがないかも含めて）確認すること
- 要約したりパラフレーズしたりすること，より細かく説明する（精緻化する）こと
- 論理を用いること
- その文章で次に述べられるであろうことを予測すること
- 文と文の間をつなごうとすること

　ただし，要約するにしても，与えられた文章をそのまま使ってまとめるのではなく，自分なりの言葉で説明することが大事だと考えられています。このように，自己説明は単純な作業ではなく，ある程度大きな認知的負荷が求められるものですので，学習しはじめの段階で導入することは効果的ではありません。比較的学習が進んできた中盤の段階に行わせるのが効果的であるといわれています（Renkl & Atkinson, 2003）。

　こうした方略を学び手が使えるように，学習内容間のつながりを問う質問を学び手に提示（**プロンプト**）したり，似たような事例を対比して説明をさせたりするという方法も有効だと考えられています。5.5節で，簡単にそうした方法について紹介しています。

構成主義と構築主義

　本節では，**構成主義**と**構築主義**について両者の意味や関係性について概説します。両者とも，学習のあり方について述べた理論であり，国内外の教育制度に大きな影響を与えています。学習科学においても，重要な学習理論として着目されています。

■ 構成主義とは？

　みなさんは，学びということはどのような行為として認識していますか？　読み書き計算を強化するために？　今まで知らなかった言葉や意味，公式などを一生懸命暗記することでしょうか？　また，どれくらい頭の中に知識が記憶されているかを確かめるために，穴埋め問題に挑戦したり，計算問題を限られた時間内で問うたりして，正答率を確かめたりすることでしょうか？　一方で，教師の役割は，学び手に定められた新しい知識を効率よく伝達し続けることでしょうか？

　一昔前までは，たくさんの知識を暗記することが，知ることとして求められており，社会で生きるために重要な学びであると認識されていました。たとえば，農耕時代であれば，種の種類，種のまき方，植物がよく育つ条件などの知識を暗記，伝達し，その知識をもとに農業を行うことが生きる術として直接役立ったと考えられます。ものづくりが発達した工業時代では，高度な計算能力を身につけることによって，製品を短時間で多量に生産することに貢献するかもしれません。しかしながら，世の中の発展とともに人々に求められる能力は多様化しました。そのため，これまでの学びに対する認識では，人は社会に適応することが難しくなってきてしまいました。

　このような背景から，構成主義（constructivism）という学習理論が生まれました。構成主義とは，ジャン・ピアジェ（Piaget, J.）によって創始されたもので，学びを「学習者が環境と関わりながら主体的に知識を構成していくこと」として捉えています。つまり，それまでの学習理論では，与えられた知識をいかに暗記し，出力できるかが能力として捉えられていましたが，構成主義における学びの能力は，学び手自身の環境に合わせながら知識を構成していく能力とい

うことになります。つまり，学び手自身が，環境との相互作用をしながら，学ぶ対象の知識を自分の中に取り入れるために自分の考え方を変えたり（調節），自分が理解できるように知識を変形させたり（同化）していくと捉えられるようになったのです。

　構成主義についてもう少し深く説明しますと，学びは**スキーマ** ☞ 1.1節 とよばれるところに構成されていく過程としています。スキーマは空間，時間，因果関係などに分類され，発達段階に応じて，構成される内容が変化するとされています。ピアジェは，思考の発達段階説として次の4段階に分け，徐々に，抽象的，概念的な心的要素へと発達していくことを示しています。

●感覚運動期（0-2歳）

　感覚運動期は，直接，感覚と運動がつながっている時期とされています。たとえば，スポンジのような柔らかいボールを触った際には，その感覚が面白くて何度も触ってみるという行動がみられます。またこの時期は，目の前にあるボールを布などで覆うと，ボールがなくなったと理解してしまいます。しかし，少しずつ，ボールは消えたのではなく，布の中にあるということを理解するようになります。声を真似たり，顔を認識したりする時期でもあります。

●前操作期（2-7歳）

　前操作期は，自分の視点が一番という自己中心性の考え方で，他者の視点に立ってものごとを考えることができない時期とされています。また，見た目にとらわれやすく，同じ水の量であっても，細長い容器に入れた場合と底面積が大きく高さが低い容器に入れた場合を比較すると，水面の位置が高いほうが，量が多いと認識してしまう時期でもあります。

●具体的操作期（7-12歳）

　具体的操作期は，保存性の概念を獲得する時期です。前操作期では，同じ水の量でも容器が異なると量が違うと理解していたことが，具体的操作期では同じ水の量と理解することができるようになります。また，10個のおはじきを横一列で並べても，四角形や円に並べても，おはじきは10個であるというこ

とを理解することができるようになります。しかしながら，抽象的な概念を用いた推論を苦手としています。

●形式的操作期（12歳以降）

形式的操作期では，抽象的な概念を用いた推論ができるようになります。また，「AはBより重い」「BはCより重い」というそれぞれの命題から「AはCよりも重い」という結論を導く仮説演繹的思考ができるようになります。

学習科学の研究は，構成主義のアプローチに立脚しており，学び手の知識構築☞4.8節を促進するための学習環境や支援のあり方を明らかにしてきています。

■ 構築主義とは？

学び手が環境と関わりながら主体的に知識を構成していくという学習理論をもとに，構成した知識を具体的な人工物として構築していくこと（外化☞2.1節）が重要であるという考え方が生まれてきました。このような学習理論を**構築主義**（constructionism）といい，ピアジェの構成主義の考え方に影響を受けながら，シーモア・パパート（Papert, 1980）が提唱しました。パパートは，コンピュータの発展を予測し，将来の学習のあり方としてプログラミングを取り入れた教育に着目しました。そして，Logoというプログラミング言語を用いて，アニメ化された亀を動かすプログラミングを開発しました（図）。そして，学び手が探索と行為の制御を行うことによって，幾何学と計算の考え方を習得できるようにしました。日本では2020年度から小学校プログラミング教育が必修化しますが，この背景には，パパートの構築主義の考え方とプログラミング教育があるといえるでしょう☞6.7節。

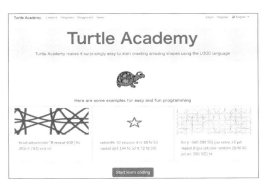

図　Logoプログラミング言語を学べるウエブサイト「Turtle Academy」（https://turtleacademy.com/）

コラボレーション

　授業中のお喋りは，注意すべきことばかりではないかもしれません。「ふと，わからなかったことを」隣の人に相談しているのかもしれません。日常生活場面では，「わからないことをその場ですぐ相談する」のは当たり前のことです。ところが教室では，対話活動をとおして学び手がどのように学んでいるのか，そしてそれをどのように授業として設計すべきなのかについて議論されるようになったのは，本当に最近のことなのです。本節では，学習科学でわかっている「話し合い（対話）」の学習効果について説明します。

◼ 対話場面は大きく「共同」と「協調（コラボレーション）」にわけられる

　共同あるいは**協同**（cooperation）による対話と**協調**（collaboration）による対話は，目指すべき学びの姿に違いがあります（Dillenbourg, 1999）。共同による対話では，明確な課題が学び手に渡され，彼らはその課題を達成するために，どのように分担するかを考えながら，「お互いが自分の果たすべき役割をきちんと分担し，助け合う」という気持ちを高めることで，学びの効果を上げることができます。こうした対話は，毎時間やるべき目標が定められた授業であれば，うまくいく場面もありました。しかし，**21世紀型スキル**を強調した新しい学びでは，さらに協調による対話が重要となります。

　協調による対話では，学び手が取りかかる課題は，答えが一つに定まるものでもないし，いったん答えに行き着いたと思っても，そこから新しい問題が生まれてくるような学びの活動を取り扱うことになります。ですから，メンバーによる課題への貢献の仕方も，自ずと異なる形態をとります。課題を個人に割り振って分割することは難しく，お互いが異なる視点から課題を捉えることが必要となります。また，メンバーが最終的にまったく同じ内容を学習するというよりは，それぞれが共通の基礎理解をもてるようになりつつも，深く理解する内容は個人によって違っていることが自然です。こうした学びは，知識を創造していくさまざまなチームワークに典型的にみられるもので，将来知識労働

者として活躍することが期待される学び手に，知識を自分たちでつくり上げる「創造型の学び」に対する理解と技能を習得してもらうことも目指しています。

◼ 協調による対話はどのように学びを支えているのか

これまでの研究から，協調による対話をとおした学びは，他のグループメンバーとの理解の違いから次の3つのパターンで考えることができ，異なる仕組みで学びを深めることがわかっています。

●自分と他のメンバーが同じような理解をもっている場面

他のメンバーが同じような理解をもっている場面で，その二人の協調による対話が学びを深めるときには，それぞれが異なる視点から問題を解決しようと試みながら，対話をとおしてお互いの考えを共有し吟味できることが望ましいと考えられています。学習科学研究では，これを**建設的相互作用**（constructive interaction）と呼び（Miyake & Kirschner, 2014；三宅，2007），これまでの研究で効果が認められています。建設的相互作用が成り立つとき，学び手Aは聞き手となる学び手Bに自分の理解を説明しようとします。この時，BはAの説明を理解しようとする中で，さまざまな疑問をもちます。こうした疑問によって，Aは「あぁ，そういうふうにも考えられるな」「そういえば，それはよくわかってないな」といったさらなる探究心をもち，さらに自分の説明をより深める機会をもつことができます。このように，お互いの理解をお互いが理解しようとする中で生じる疑問が，それぞれの理解を深めてくれるのです。

●自分が他のメンバーよりも理解できていない場面

こうした場面では，理解の師弟関係ができあがります。教師の役割を担う学び手が学習者の役割を担う学び手にきちんと内容を伝えないと，わからない学び手は，きちんと学ぶことができないと考えてしまいがちです。しかし，多くの学習科学研究はそうした予測に対して異なる答えを導き出しています。

構成主義（constructivism）の考え方では，自分なりに理解を深めようとする存在として学び手を捉えます☞ 2.3節。与えられるものをそのまま「記憶したり思い出したり」するだけでなく，自分のそれまでの理解に新しい情報を組み込んで

いくと考えています。また，**社会構成主義**（social constructivism）では，自分で学ぼうとする存在である学び手とそれを支える教師のような存在との関係は，お互いの対話によって成立するものであり，その駆け引きは場面において異なります。よって，学び手はより知識が豊富なメンバーから，自分の理解がうまく深まるような説明を導き出すために質問をする必要があります。学習科学研究では，こうした質問は対話の中に表れ，理解の低い学び手の質問でも，その多くは彼らの学びを支援する意味のある質問であることがわかっています。すなわち，誰もが自分にとって意味のあるかたちでわかろうとする術をもっており，それを教師が適切に受け取り支援することによって，理解が深まっていくというのです。

● 自分が他のメンバーよりもより理解できている場面

　優秀な学び手ほど，グループでの学びが嫌いだという話を聞くことがあります。不満の理由は「他のメンバーは教えてもらうばかりなのに，最終的な成績がみんなと同じだというのは我慢ならない」というものです。こうした問題は，協調による対話というよりも，共同による対話の「課題分担がうまくいかない」ときによくみられ，それが積み重なることで「グループ学習嫌い」が育ってしまいます。

　では，友だちに教えなくてはならない場面で，理解の深い人は本当に自分の理解をさらに伸ばすことはできないのでしょうか？　これが「そうでない」ということは，誰かにモノを教える経験をしたことがある人は，誰もが肌で感じていることでしょう。私たちは，自分よりも理解が劣る人へ，よりわかりやすい説明を心がける行為をとおして，自分の理解を深めていくことができるのです。ここで「教える」ことは，「自分の学んだことを相手がわかるように説明する」という行為と考えられます。他の人がそれを理解できるように，自分の知識を整理し直し，説明の準備をすることによる学びの効果は非常に高いといわれています（Fiorella & Mayer, 2013）。また，これまで述べてきた，建設的相互作用や理解を深める質問からもわかるように，説明に対してそれをさらによいものにしていくためのヒントは，それを聞いてくれる他の人からフィードバックされます。

🟦 教室での小集団活動を協調による対話として捉えるためには

　協調による対話をとおした学びの良い側面ばかりを強調したところで，「うち

の学校では無理」だとか,「私の子どもたちにはちょっと難しいかな」といった感想をお持ちの方も大勢いらっしゃるでしょう。これまで述べてきたことは,今の学校教育場面で(少なくとも日本国内では),そのまますんなりうまくいくものではないかもしれません。そこには当然ながら,何らかの教師側の支援と工夫が必要です。その詳細は別の章や節に任せるとして,その基本的な考え方のいくつかについて触れることで少しでも読者の不安の解消に努めてみましょう。

●協調しやすい課題の特徴

共同は多くの場合,グループのメンバー間でさらに小さな課題の分担を決めることで,お互いの平等感を維持することになります。これに対して協調では,多様な捉え方ができる課題を選択することが最も重要なこととなります。それぞれの学び手が自分の考えに基づいて,「こうかな」「ああかな」と答えに多様に近づくことができる課題を採用することで,お互いの考えに耳を傾けることがより自然とできるようになり,「教え・教えられ」の協調関係が成り立ちやすくなります。

●学び手が「協調」に対してもつ理解の重要性

「そうは言っても,やりたがらない子どももいるのでは?」という先生は多いかもしれません。理由の一つは,「これまでの経験から,とにかくグループ学習が嫌いになっている」からでしょう。また,そもそも学び手が「他の人とどのように話せば学びが深まるのか」について知らない可能性もあります。この2つの問題に対する特効薬のようなものは未だ見つかっているとは言い難いですが,少しでも改善するためにできる方法と考え方は蓄積されてきています。一つは,協調による対話の成果をどこに求めるかであり,ここでは必ずしも知識の獲得だけに偏りすぎない教授目標を設定する必要があります。もちろん知識の習得はいうまでもないですが,より他の人とうまく学びを展開していくための理解を育成する機会と捉えることも重要です。こうした学びの目標は新しい学習指導要領の「学びに向かう力・人間性等」という側面と密接に関わってくる部分であり,今後実践の中でも重視されていくことは間違いないでしょう。

学習共同体

　先の2.4節では，他者との関わり（対話）という観点から，学び手個人の学びを説明しました。しかし，人の学びは個人の中でだけ起こるのではありません。本節では，教室（ここでは物理的に存在する教室だけでなく，そこにいる学び手や教師を含めて教室と呼ぶことにします）を**学習共同体**として捉えたときに見えてくる「理解している」ということの定義や，学び手の学習に影響を与える共同体の社会規範について扱いたいと思います。本節のキーワードである学習共同体という考え方は，どのような活動を経て学びが起こるか，そして学びを起こすために教師は授業をどう設計するかということと深い関連があります。学び手自身が学ぶ必然性を認識し，自ら問題を見つけだし，仲間と協力して探究活動を行うことを通じて，学習内容の理解を深めていこうとするのが**学習共同体（学びの共同体）**です（Brown & Campione, 1994）。教師も共同体の一員であり，共同体の円滑な活動をさまざまな手段で支援するのが役目で，学び手主体の学習活動をデザインし，学習活動中もそれがうまく進むよう必要な調整を行います（デザイン研究☞8.2節）。ですから，単に教室という空間を共有し同じ学習を行う個人の集合体を学習共同体とは呼ばないのです。

■ 学習共同体における学び

　さて，人が学習を通じて何かを理解したかどうかを把握するには，どうしたらよいのでしょうか？　すぐに頭に思い浮かぶのは，穴埋め式や論述式のテストを用いて数値的な指標で評価する方法ではないかと思います。これらは確かに個人が何かを理解しているかどうかを確認する方法として，古くから一般的に取り入れられています。しかし，よく「**学校知**」などといわれるように，学校のテストで良い点を取れても，その知識を適用すべき状況で使うことができなければ，本当は「理解している」とは言い難いのです。つまり知識が使える状態で学ばれていない，ということです。とはいえ，一般的なテストを用いて「使える知識として学習内容を理解しているかどうか」を測ることは難しいことは容易にわかります。

それでは，知識を使えるものにするためにはどうすればよいのでしょうか？少し古い事例になりますが，アメリカのヴァンダービルト大学のCTGV（Cognition and Technology Group at Vanderbilt）という研究グループが行ったプロジェクトで開発された教材がたいへん有名ですので，ここで紹介したいと思います。このプロジェクトは，教室を学習共同体として機能させることで，知識を使えるものにする，すなわち深い学びを実現させようとしたものです。

プロジェクトの名前は The Jasper Project（Bransford, 1997；三宅・白水 2003）といい，小・中学校の算数（数学）をメインターゲットとしています。通常授業の後にこのプロジェクトの開発した課題，The Adventures of Jasper Woodbury を実施することで，授業で習った知識を日常的な場面で使えるようにすることがねらいです。12 ある課題に共通する特徴は，ドラマ仕立てのビデオ教材で Jasper という主人公や周りの友人たちが日常場面で問題に遭遇し，その解決を迫られるというシナリオが展開します。Jasper 課題の中でも最もポピュラーな Rescue at Boone's Meadow（4 時間分，四則計算の活用）を実施した参考授業例から，教室での学習活動の大まかな流れをみてみると，次のようになります。

1. これから見る課題のビデオに関連して，子どもたちがもっている経験を教室で共有
2. 教室で一斉にビデオを見る（山中で撃たれた鷲を Jasper が発見し，友人に助けを求める内容）
3. グループでの問題解決（鷲を一番早く獣医のところに連れて行く具体的な方法，つまり誰が，どういう手段で，そして，所要時間はどれくらいか，を考える）
4. 発表会：グループで考えた解決策を発表，教室で共有（クロストーク）する
5. 発表会で知った他のグループの考え方をもとに，自分たちの解決策を見直す

この問題解決を通じて，子どもたちはこの前習った四則計算を駆使して乗り物の積載重量や燃費，速度，所要時間などを計算し，最終的にどんなルートで

どんな乗り物を使って，誰が鷲を助けに行くのかを導き出します。ビデオの中にはこれらの計算を行うための重要な情報が埋め込まれてはいますが，どの情報に着目し何をどう計算するかについては子どもたち自身に任されています。

　Jasper課題の実施は，教室を学習共同体として機能させるための重要な特徴を備えています。その特徴とは次のようなものです。

- 子どもたちの日常でも実際に起きそうな題材にすることで，状況を想定しやすくする
- グループで協力して取り組む必要があるほどに，問題解決自体が複雑なこと
- ビデオにある情報の取捨選択を子どもたち自身で行う必要があること
- グループで課題に取り組むことやクロストークを取り入れることで，自分たちの考え方や計算方法の適切さを子どもたち自身で確認，修正する状況をつくり出せること

　このような特徴は，学び手たちがグループのみならず教室全体で目標を共有し，それに向かって互いに協力して課題の解決に取り組もうとする態度を生み出しやすくします。なぜなら，問題解決の仕方を子どもたちが自分で考え，実行し，間違いにも自分で気づき，自分で修正できるよう学習活動がデザインされているからです。学び手が主体性をもち，周りの仲間の学び手と積極的に対話を行い，共有する問題を解決することを通じて，通常授業で学習した知識を使えるものにしていく，つまり深い学びを実現することを手助けするものだといえるでしょう。

■ 学習共同体の社会規範が及ぼす影響

　次に，共同体が学び手の学びに与える影響について考えてみましょう。一般に共同体と呼ばれる集団には，明示的なあるいは暗黙的な規範が存在しています。ブランスフォードら（Bransford, Brown, & Cocking, 2000）は，その著書 "How People Learn" の中で次のように述べ，教室の中にある規範がいかに学習によい意味でも悪い意味でも制約となるかを説明しています。

　　「人々が共同体の中でともに学ぶことによって成長し続けているかどうか

は，共同体の中にどのような社会規範が成立しているかにかかっている。例えば教室や学校の中に，「理解を求めて探求することを価値あるものとみなし，生徒（および教師）は学ぶために失敗してもかまわない」とする社会規範が成立していれば，それは生徒の学習を促進するであろう（例えば，Brown and Campione, 1994; Cobb et al., 1992）。逆に，「失敗したり答えがわからない場合には，それを他人に知られないようにする」という目に見えない規範が教室の中に成立している場合には（例えば，Holt, 1964を参照），その規範は，学習内容が理解できない時に質問したり，新しい問題や仮説を探求しようとする生徒の気持ちを抑制するであろう」

(Bransford et al., 2000／森・秋田監訳，2002, p.147)

　ブランスフォードら (2000) はさらに，教師が生徒に対してもつ期待の違い（たとえば，女子生徒には数学的に高度な知識を期待しないなど）や文化による教室内の規範の違いなどを紹介しています。
　このような学習共同体の社会規範は，その共同体に長く属することでいわゆるミーム（文化的遺伝情報）として学び手に内在化されると考えられます。ですから，ある学び手が進学や転校などによりこれまで属していた学習共同体とは異なる社会規範をもつ学習共同体へと所属を変えた場合には，社会規範は大きな障壁となって学び手の前に立ちはだかることになります。たとえば，唯一無二の正解が大事だという社会規範のもと，それを一人で導き出す勉強ばかりしてきた高校生が大学に入学し，グループで創造的な問題解決に取り組む授業を受けたとします。このような授業では問題解決には他者との円滑なコミュニケーションが肝要ですが，これまでそのような経験をしたことがないため，どのように発言したらよいかわからなかったり，またアイデアを出したら他の人に取られるのではないかと思ってなかなか言い出せないといったことが起きてきます。このような学生は，授業ではグループで力を合わせて問題解決に取り組むことが求められているということに気づかなかったり，たとえ気づいていても前述のような理由により，うまく行動できないのです。当然，評価も低くなってしまいます。実は，こういうケースは珍しいことではありません。大学では初年次でグループディスカッションに慣れる授業を取り入れることで新し

い社会規範に慣れてもらう機会を設けたりするところが増えてきています。

　一方，社会規範はその性質を利用して，学習の質を高めるために活用することもできます。コロドナー（Kolodner, 2002）は **Learning by Design**™ という授業開発研究で，クラスの活動の儀式化（ritualized classroom activities）という言葉を用いて共同体の社会規範がアイデアの洗練の繰り返しや**コラボレーション** ☞ 2.4 節 を保証することを示しています。たとえばホワイトボードにアイデアを書いてグループで共有，洗練させるという活動を繰り返し授業で行ううちに，教師に言われなくても自分たちでホワイトボードを持ってきて自主的に議論を始めるようになるといったことは，活動が儀式化されたことを表しています。

　とはいえ，活動の儀式化はそうしたほうがよい理由が学び手に理解されていることが大事です。単に「どうせ言われるのだから，先にやっておこう」というだけであれば，その行動自体がタスク化しているだけで，なぜそうするのかの意味が学び手に理解されているとは言い難いでしょう。先の例であれば，ホワイトボードを利用するのがなぜよいのか，議論をするうえでなぜ必要なのか，学び手が（教師に言われるのではなく）自ら理解できるような機会や状況を提供することができれば，学び手自身による学習環境の改善（たとえば，ホワイトボードだけでは使いづらい点があるので，さらに付箋紙を使用するなど）につながり，より主体的に対話的な学習活動を進めていくことにつながるものと考えられます。

学びのメタファ

　学習科学をはじめとする教育研究は，理論に基づいて，授業を設計し，実行，評価，改善を行います。学びの理論は，すべてをうまく説明できるというよりは，個々の理論の着眼点によって「強い」部分が違うので複数存在しうるのです。研究者の多くは，そういった理論のどれに準拠するかが自分のアイデンティティの重要な側面となりますので，「あれもこれも」というわけにはいかないのですが，教育実践者をはじめとしていわゆる「現場で」動いている人々にとっては，「役に立つなら何でもいい」という印象が強いのではないでしょうか？　しかし，自分の同僚や，はたまた学校外の研究者もしくは実践者と実践の話をするときに，どうも話が噛み合わないなと感じることがあったら，それは考えの背景にもっている理論が違うのかもしれません。こうした違いを踏まえて，より生産的に話し合いを進めるために，学びの理論がどのように整理されるのかについて簡単にまとめておきましょう。

◆学びの理論はその認識論の違いで大きく３つに分かれる

　学びの理論を大まかに捉えると，「知識あるいはわかるとはどういうことか？」「その知識をもつため，あるいはわかるようになるために，学ぶとはどういうことか？」という２つの疑問に対する答えの違いによって分類されます。ここであげた２つの疑問，これに対する答えが認識論と呼ばれるものです。よって，学びの理論はその理論を提唱している人の認識論の違いで区別することができますし，また，まとめることもできるのです。学習科学の領域では，これまでの学びの理論を大きく３つの認識論のグループ（メタファ）にまとめています（Sfard, 1998; Paavola, Lipponen, & Hakkarainen, 2004）。メタファとは日本語では比喩と訳されますが，わかりやすい言葉を用いてそれぞれの学びの理論グループのもつ特徴を言い表したものです。

●獲得メタファ：最も伝統的かつ長期にわたって学びの理論を支えてきたメタファといえるのが，獲得メタファと呼ばれるものです。このメタファの２つの認識論的疑問に対する答えは次のようになります。まず，「知識あるいはわかるとはどういうことか？」という疑問に対しては，「知識とは学び手の中に構築される何らかの表象である」と答えることになります。こうした内的表象としての知識や理解という捉え方は，最も一般的な学びの理論だと考えられます。学習科学がその基本学問として準拠する認知科学や心理学の領域で深く議論されてきた認識論で，これまでの学習指導要領もこうした認識論に基づいてつくられているといっていいでしょう。

　もう一つの認識論的疑問である「その知識をもつため，あるいはわかるよ

うになるために，学ぶとはどういうことか？」に対しては，「学び手はわかろうとする活動をとおして，自己の中に自分なりに整理された知識体系を構築しようとする。これが学ぶことだ」という回答をします。学習科学において，学び手の主体性は非常に重要な学びの要素として考えられていますので，構成主義的な考え方が大きく影響していますが，古くからある行動主義的な考え方などは「学び手がこちらの期待する知識の体系を構築するように，適切な情報を適切なサイズで適切なタイミングで提供するので，それを理解することである」と回答することもあります。このように，同じ認識論の傘下にある学びの理論でも，学び手の主体性に対する考え方の違いで話が食い違うことはあるかもしれません。

●**参加メタファ**：1990年代に文化人類学をはじめとする，学校外の実生活の中での人間の学びを広く捉えた研究が注目されるようになってくると，獲得メタファとは大きく異なる学びの理論のグループが出現しました（Lave & Wenger, 1991）。「知識あるいはわかるとはどういうことか？」という疑問に対して，参加メタファの理論は，「その人がわかっているという状況は，その人がわかっていないとできないことが適切な場面できちんとできていることを意味する」と答えます。獲得メタファのように，内的表象を捉えるという仮説はもたずに，自然な活動の観察から，その学び手が「わかっているのか，そ

うでないのか」はそこにいる他者にはわかると考えます。確かに，教室場面でも教師は学び手の「わかる（わかっている）」活動を認識していることがあります。その背景には，「わかっていないと，あそこでああいった発言はしないはず」という根拠をもって，私たちはその学び手の理解を判断することができるのです。

「その知識をもつため，あるいはわかるようになるために，学ぶとはどういうことか？」という認識論的疑問に対する参加メタファの学びの理論が返す回答は，獲得メタファの回答と比較して非常にユニークなものとなります。参加メタファで言えば，「自分のやるべきことができるようになるためには，やるべきことができている人のもとで，その人と一緒に活動を繰り返すことで自然とできるようになっていく。こうした意味のある活動を学びと呼ぶ」と回答するでしょう。本書の6.1節（真正な学習）で述べている徒弟制がこうした学びの最たるものですが，学校教育においては教師を師匠，児童・生徒が弟子という認知的徒弟制を設計することで学び手を支援することになります。

●**知識創造メタファ**：第3のメタファとして，最近の研究でその存在が議論され始めたのが，知識創造メタファです。この知識創造メタファが注目されるようになった背景には，私たちの生活する社会において，知識の生産という産業の形態が主要な位置を占め

Column　学びのメタファ

るようになってきたことがあります。OECDもこうした知識社会における新しい知識労働者の育成のための教育のあり方を強調し，21世紀型スキルという新たな能力を定義しました。こうした社会の変化に対応するように，学習科学の中でも新しい学びの理論が大きく注目されるようになったのです。知識創造メタファの傘下にある学びの理論では，「知識あるいはわかるとはどういうことか？」という認識論的疑問に対して，「知識とは学び手が獲得するものというよりも，学び手の所属する共同体で共有されるものである。よって，個々の学び手は，自分の所属する共同体の知識を向上させるために自分に何ができるかをわかっていることが重要となる」と回答します（Scardamalia & Bereiter, 2014）。この回答に含まれる学び手の理解の重要な側面が，共同体の知識の向上に貢献する知識や技能というポイントです。この点に関しては，本書の4.8節（知識構築）でより具体的に説明していますので，そちらをご参照ください。こうした回答と，獲得メタファや参加メタファの学びの理論の考え方は必ずしも相反するものではなく，関連している点もあります。たとえば，知識創造メタファの学びの理論では，確かに学び手の共同体の知識の向上に貢献する知識や技能の獲得を学びとして捉えますが，そこで獲得メタファでいわれる内的表象としての個人が獲得する何かを否定することはありません。ただし，知識創造メタファでは，共同体の知識の向上がメインですから，個人が獲得する内的表象としての知識は副産物と考えられています。

　また，「その知識をもつため，あるいはわかるようになるために，学ぶとはどういうことか？」という第2の認識論的疑問に対して，知識創造メタファは参加メタファと類似してはいますが異なる回答を返します。「知識創造の実践が自然な活動となる学習環境を設計して，そこで学び手がその活動に関わりながら共同体の知識の向上に貢献できるようになることを学びと捉える」ということになります。参加メタファと同じように学び手が活動に参加しながら自然と貢献の仕方を身につけていくのですが，参加する知識創造実践は入念に設計せねばなりません。その理由は，知識を創造するという文化的実践自体がどこにでも転がっているわけではないからです。こういった観点から，知識創造メタファに基づく授業の設計が挑戦的であるのは，これまでにない革新的な活動を取り入れていかねばならないというところでしょう。

　現在，最もその実践が望まれているのは知識創造メタファに基づくものでしょうが，それを実現するために獲得メタファや参加メタファが果たす役割も重要です。この意味でこれら3つのメタファの総合的な利用が実践場面では必要なのでしょう。

Chapter 3

第 3 章

主体性のある学び

動機づけ

◼ 動機づけとは？

　たとえば,「自動車の運転免許を取得しよう」という目標を設定し,計画的に教習所に通って,課題をこなしていくという行為は,意欲が高く,動機づけられた状態といえるでしょう。また,「授業の単位を取るために,この授業をがんばる」という気持ちで授業に臨むことも,動機づけられた状態といえます。このように,**動機づけ**（motivation）とは,何らかの目標を達成するために,自分をコントロール（自己調整）しながら,課題に積極的に関わり,かつ,この関わりに有用性をもつことを意味しています（ヤーベラ・レニンジャー, 2017）。

　動機づけは,人によってさまざまです。「自動車の運転免許を取得しよう」という動機づけは,「将来,自動車が運転できるようになりたいから取得する」という**内発的動機づけ**によるものであったり,親から「免許を取得したら車を買ってあげるよ」と言われたから取得するという**外発的動機づけ**によるものであったりすることが考えられます。また,「自動車の運転免許を取得しよう」という目標設定は,そもそも「自動車の運転免許はいらない」という人には当てはまりませんので,必ずしも全員の動機づけに該当する目標とはいえません。そこで,たとえば,授業で学び手に問題解決を行わせる場合は,すべての学び手の動機づけとなる目標設定が重要になります。

　ところで動機づけには,前述したとおり「内発的動機づけ」と「外発的動機づけ」の2つがあります。先ほど紹介した「授業の単位を取るために,この授業をがんばる」というものは,良い評価を得て単位を取得したいという**他者からの報酬が動機づけ**となるため,外発的動機づけになります。このような外発的動機づけよりも,「この授業を介して深く学びたいからこの授業をがんばる」というように,個人の内部からの欲求となる内発的動機づけのほうが,主体的であるという側面から,理想的な動機づけと考えられます。そこで,内発的動機づけをいかに引き起こすかという研究がなされてきました。その研究の一つに,ライアンとデシ（Ryan & Deci, 2000）の「**自己決定理論**（self determination theory）」があります。これまで,内発的動機づけと外発的動機づけは別々に

捉えられてきました。しかしながら，自己決定理論では，適度な外発的動機づけが，やがて内発的動機づけへと変化していくことが示されています。具体的には，4段階の外発的動機づけがあり，たとえば，「親に言われながらしぶしぶ大学に行き，授業に出席する（外的調整）」「（親に申し訳ないので）授業の単位を取るために，この授業をがんばる（取り入れ的調整）」「この授業の単位を取得すれば，教員免許状の取得に一歩近づくのでがんばる（同一視的調整）」「この授業を受講すれば教員になりたいという将来の夢に直結するのでがんばる（統合的調整）」のようになります。統合的調整になると，内発的動機づけにとても近い動機づけになりますが，内部からの欲求と異なる点で，区別されます。

◻ 興味

深い学習（Mathan & Koedinger, 2005）を促す学習環境をデザインするためには，**動機づけ，興味，積極的関与**をそれぞれ区別することが重視されています（ヤーベラ・レニンジャー，2017）。そこで次に，興味について説明します。興味とは，一定の時間をとおして特定の事柄に積極的に関与している状態のことを意味します（Hidi & Renninger, 2006）。しかしながら，興味もまた，人によってさまざまであることは，経験的にわかるでしょう。ヒディとレニンジャー（Hidi & Renninger, 2006）は，**興味の4段階発達モデル**を示し，たとえば，天気に関する人の興味は次の4段階になると述べています（ヤーベラ・レニンジャー，2017）。

1. **状況的興味の喚起**：たとえば，「今日は一日晴れる」など，天気についての情報を得たことによって注意が刺激される状態を意味します。「今日は一日晴れる」ですと，これ以降，この情報を用いた行為を起こさないことも考えられますが，一方で，「今日は一日晴れる」という情報を再び用いて，何らかの行為を起こすことも考えられます。
2. **状況的に維持された興味**：たとえば，教室内で「雲のでき方を調べてみましょう」という課題が出された場合，「雲はどのようにできるのだろう」という興味を抱くことが考えられます。しかしながら，この状態では，他の人も調べるから自分も調べようという気持ちとなり，積極的な関わりまではいたらないことも考えられます。
3. **個人的興味の発現**：自分から「なぜ，雲はできるのだろう」など，学び手自

身が天気についての問いをもち,それを教室内での話し合いの中で,建設的に取り組んでいく状態を意味します。この状態の場合,たとえば,「雲がない場合は,稲妻は発生するのだろうか」などのような新たな問いが生まれ,個人的な興味がどのような点に生じているのかが現れるようになります。
4. **よく発達した個人的興味**:たとえば,「雲がない場合は,稲妻は発生するのだろうか」などのような新たな問いが生まれたら,この問いに対する問題解決の方法を考えたり,さらに,多様な情報について考えたりできるような状態を意味します。

4段階の興味について,学び手はそれぞれの段階で興味を抱いています。学び手はどのような気分の状態で取り組んでいるか,取り組みに対する価値づけはどのようになっているか。どのような知識を用いて取り組んでいるかに着目することが,学び手がどのような興味を抱いているかを理解するうえで重要な指標になります(ヤーベラ・レニンジャー,2017)。そして,興味は,年齢や段階を問わず,抱かせることができます。具体的には,新奇性,挑戦性,意外性,複雑性,不確実性を示すことが,興味を抱かせることにつながることがわかっています。学び手が発達した個人的興味を有していれば,学習に向かって動機づけられ,自己調整し,さらなる目標設定を行うという**自己調整学習** ☞ **3.3節**が行われるようになります。自己調整学習が行われるようなると,学び手の目標達成が起こりやすくなります。

◻ 積極的関与

さて,動機づけの定義には,課題に積極的に関わることが含まれていますが,これは,「**積極的関与**」という概念として研究が行われてきました。たとえば,スキナーとベルモント(Skinner & Belmont, 1993)は,課題に取り組んでいるときの感情などについて着目し,フレドリックスら(Fredricks, Blumenfeld, & Paris, 2004)は,行動,感情,認知に着目しています。積極的関与は,学習環境における情緒的な側面が含まれていますが,これまで述べてきた興味,動機づけ,自己調整学習と関係しています。

メタ認知

　何かを学ぼうと主体的に動くとき，私たちは「どのようなことを目指して学ぶのか」「どのようにそれを行っていくのか」「それがその方法でうまく学べそうか」など，いろいろと考えたうえで行動しています。たとえばサッカーを学び始めることを考えてみましょう。「地元のサークルで地域の人と一緒にサッカーをしたい。そのためには，自分は初心者だから，まず教えてもらわないと，いきなり行っても下手すぎて笑われてしまうかもしれない。自分は一人本を読んでから練習するよりも，決まった時間に練習に行くほうがしっかりさぼらずに学べそうだし，コーチに教えてもらったほうがよさそうだ。近くのスポーツクラブは2つある。クラブAはわりとスパルタで，学ぶペースが速いが上達も早いかもしれない。クラブBはかなりゆっくりだが丁寧に教えてもらえる。自分はスポーツがあまり得意ではないし，すぐに試合に出たりしなくてはいけないわけではないので，クラブBに行って学ぼう…」などと考えると思います。このように学び方についていろいろと考えるのは，学び始めの段階だけではありません。学んでいる間にも「今日はリフティングのときに膝の角度を安定させることができなかったから，回数が続かなかった」といったように自己評価をして，「家に帰ってから練習しよう」と，上達するために自分をコントロールしようとします。

　このように，私たちは，自分で自分が何を感じているのか，どうしてそのように考えているのかということを，別の視点からモニターして，行動を改めたりすることができる機能をもっています。このような機能を果たす人間の認知のはたらきを**メタ認知**（metacognition）といいます。メタ認知は，自分の能力や認知的・身体的特性，現在の学習状況（理解度や進捗）を評価したり，将来どのようになりそうかを予測したりして，自分の感じ方，考え方，取り組み方を改善するのに役立ちます。本節ではメタ認知がどのようなものなのか，それが主体的な学びに果たす役割について説明します。

■ メタ認知とは？

なぜ「メタ認知」というのでしょうか？　たとえば，私たちが何かを学ぶときに私たちがふだん認知するのは，学ぶことそのもの（先のサッカーの例であれば，リフティングの仕方）です。ですが，メタ認知が対象とするのは，自分や，自分と一緒に取り組む他者の認知活動についてです。何かを認知している自分をさらに俯瞰して認知しようとする"認知についての認知"のことをメタ認知といいます（メタには「何かよりも上の（beyond）」という意味合いがあります）。

メタ認知は学習場面だけでなく，五感を用いたさまざまな認知的活動・思考・判断・行動をするときにおいてもはたらきます。今，筆者は本節を書きながらメタ認知を説明しているわけですが，この最中にも，読者のみなさんがどのように認知しているのかや，どうしたらよりよくわかってもらえるだろうかと考えています。こうした考えもメタ認知です。みなさんも教え手として何かを説明しようとするときには，こうしたら学び手はよりよく学べるのではないかと工夫しているのではないでしょうか。これもメタ認知です。仕事をしているとき，あの人だったらこれを任せたらうまくいくんじゃないか，これだったら自分でも簡単にできそうだということも考えていると思います。こうしたときにもメタ認知ははたらいています。このように，メタ認知は特別なものではなく，私たちは日常的にメタ認知をはたらかせながら，学んだり，仕事をしたりしています。

■ メタ認知的知識とメタ認知的活動

メタ認知は，自分自身がどのように考えどのように学んでいるかを，明確なやり方でモニターしたり調整したりします。ブラウン（1984）は，その時にはたらいているメタ認知の構成要素には，**メタ認知的知識**と**メタ認知的活動**があることを示しています。私たちがどのようにしたらよりよくわかるのか，どうしたら誤りを防ぐことができるのか，といった認知プロセスや認知的方略に関する知識は，メタ認知的知識と呼びます（三宮，2008）。一方，そのメタ認知的知識を使って，自分の認知をモニターしたりコントロールしたりすることをメタ認知的活動と呼んでいます。

メタ認知的知識とはどのようなものでしょうか。フレイヴェル（Flavell, 1987）

は，「人間は説明されて聞いたことを一言一句記憶することは難しい」「新しい事柄を学ぶ際には，自分のもっている知識と関連づけるのがよい」といった**人間の認知特性**についての**知識**と，課題に取り組むときに気をつけるべきことや困難さといった**課題についての知識**，よりよく課題を遂行する工夫（たとえば，補数を使えば簡単に繰り上がりの足し算ができる）などの**方略についての知識**があると述べています。これらがうまく組み合わさって，一連の課題を円滑に遂行することができるようになります。たとえば，講義を設計するにしても，①人間は説明されて聞いたことを一言一句記憶することは難しい→②今回の講義の内容はかなり難しい→③聞いたことをメモすると理解しやすくなる・小分けにして説明するとわかりやすくなる，のように組み合わせられれば，メタ認知的知識をもとによりよい授業を実行できるでしょう。

　メタ認知的活動は，ネルソンとナーレンス（Nelson & Narens, 1994）によれば，「ここがよくわからない」「これは難しそうだ」といった認知に関する気づき・予想・点検・評価をするメタ認知的モニタリングと，「きちんとできるようになろう」「他の考え方でやってみよう」など，認知についての目標設定・計画・修正を行うメタ認知的コントロールの2つに分類されます。うまく機能する認知システムでは，モニタリングをとおした評価と，それをもとに計画を変えたり修正をしたりするコントロールが繰り返し応答的に機能しているといわれます。

　たとえば，尊敬する偉大な先生の前に出て話をしなければならなくなった場

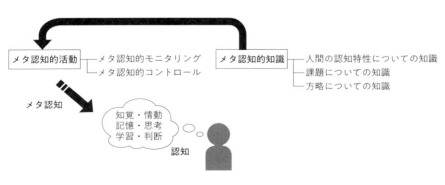

図　メタ認知のイメージ

面を考えてみましょう。手に汗をかいて緊張している自分を，意識している別の自分がいるはずです。「あぁ，緊張している。どうしよう」と自分に対して感じている気持ちは，メタ認知がはたらいていることの証左です。偉大な先生とお会いして話せる機会はそうありません。その先生が納得していただけるように説明するのは難しそうだと予想するのは，メタ認知的モニタリングです。ではどういうふうに話そうか，このように話せばわかってもらえるのではないかと，メタ認知的知識を使って計画するときには，目標に向けたメタ認知的コントロールがはたらいていますね。そして，実際に話し始めると，「あ，そんなことを話そうと思っていたわけじゃないのに」とか，「想像もしていなかった質問をされたぞ。どうしよう？」と，話している最中にも，自身をチェックするモニタリングがはたらいていることもわかります。そして，モニタリングのフェーズを経て，もし現状が自分の期待（計画）していること（目標）と異なれば，なんとか自分の目標を達成するために自分の取っている行動（行為）に修正を加えるというフェーズが続きます。このようにメタ認知的知識を使って，計画・モニタリング・修正がサイクルとして回り続けるのが，メタ認知的活動になります。

　このように，メタ認知的知識とメタ認知的活動は組み合わさって，私たちの認知活動をよりよくするために機能します。こうしたプロセスは，取り組んでいる中で振り返る（行為の中のリフレクション☞6.5節）ことと同じ意味をもつといえるでしょう。メタ認知的な観点から，行為の中のリフレクションを捉えてみると，適切に振り返りを行うには，きちんとした計画を先に立てておいたほうがよいということがわかります。これによって，主体的に，自分の今の状態をより正確に把握することができ，修正案を検討・実行することもできるからです。

■ メタ認知は自然にできるの？

　メタ認知が自発的にうまくはたらくとよいのですが，実際のところはうまくいかないことも多々あります。たとえば，課題についてのメタ認知的知識をまったくもっていない領域に取り組む場合，方略を知らない場合，難しい課題に取り組んだり，たくさんのことを同時にこなしたりなどして認知的負荷が高い場

合には，メタ認知のために十分な認知的資源が振り向けられず，うまく機能させることができなくなることもわかっています。メタ認知的モニタリングが失敗してしまうこともよくあります。たとえば，課題達成にかかる時間の見積りを誤ったり，必要な素材を勘違いしたり，ということは，みなさんも経験があると思います。これは，何度も経験をして，メタ認知的知識やメタ認知的活動が改善するようにはたらきかけることで，少しずつ起こりにくくなります。また，一般に幼少期にメタ認知をはたらかせることは難しく，メタ認知が発達するのは10〜12歳頃であることもわかっています (Veenman, Kok, & Bloete, 2005)。そこで，メタ認知をはたらかせることを学ぶためのさまざまな教授法（たとえば，**相互教授法**☞ 5.5 節）がつくられてきています。

自己調整学習

　メタ認知と並んで，主体性のある学びを実現するために重要だといわれているのが，**自己調整学習**です。自己調整学習は，学び手が学びに取り組む際に，「それが自分にとってどれほどたいへんなことか」「自分ができるようにするにはどうしたらよいか」を自分で考えて，実際に学習を展開していく中で（メタ認知のときのように）自分の学習の出来具合をチェック・モニタリングして，学びの目標の達成にむけて改善を施していくという一連の流れを意味しています。

　こうなると前節の**メタ認知**と「なんだかまったく同じような気がするなぁ」と思われる方がいらっしゃるかもしれません。とてもよく似ていて，わかりづらいですね。メタ認知は，これまで問題解決行動の研究の中で取り扱われてきましたから，どちらかといえば，すでに知っている知識や方略をどのように利用しながら問題を問いていくかといったプロセスをコントロールする能力として考えられてきました。これに対して，自己調整学習は，その出自は，他の人をモデルにして学ぶ**観察学習**にあります。知らないことを学習するときに，そのやり方や態度・行動を他人から見て学ぶ，ということが有効であることがわかってきた後，しだいに「自分は学習できそうか」「自分はちゃんと学習できているか」を自分で観察し，計画・モニタリング・修正することの大切さがわかってきたという背景があります。したがって「問題をどこまで解けているか」を認知したり（メタ認知的モニタリング），「課題に取り組む方略についての知識（メタ認知的知識）」を使ったりすることは，もともと重要な対象ではありませんでした。しかし，メタ認知も自己調整学習も，その研究の進展とともに重なりが大きくなってきていますので，それぞれがお互いの範疇に入り込んできていて，はっきりと区別することは難しくなっています。

　ここでは，そんな自己調整学習が，主体性のある学びにおいてなぜ重要なのかについて説明していきます。

■自己調整学習がなぜ大事？

メタ認知と自己調整学習は似ているのだし，重なり合っているものなのだから，どちらかについて考えればいいのではないか？　と思う方もいらっしゃると思います。しかし，自己調整学習について考えることは，教師が学び手の主体性をより重んじた授業づくりにつながっていく基盤となります（だからといってメタ認知を無視してよいわけではないことは，後ほど説明します）。

自己調整学習研究の第一人者であるジマーマンによれば，自己調整とはそもそも，「学習者がメタ認知，動機づけ，行動において，自分自身の学習過程に能動的に関与していること」であるといいます (Zimmerman, 1986)。学び手が自分自身の学習過程に主体的・能動的に関与するには，学び手が自由にコントロールできるような環境が必要です。もちろん，教師による支援は大切なのですが，何をどこまで学習するのか，学習の進め方，時間配分などについて，学び手が自分で調整・決定できるようにすること（**自己決定性**）を重んじることで，学び手の**主体性**（agency）を促すことが大切です。教師は，学び手が教師の指示で動かされているのではなく，自らが学習の主体であると感じられるような環境を提供する必要があります。

自己調整学習をとおして主体性を育むうえで考慮すべき要素として，動機づけも大切です。もともと観察学習について研究していたバンデューラは，「自分はこの課題ができるだろう」という**自己効力感**をもつことができれば，目標の達成にむけて努力をすることにつながり，結果としてよい学習成果を上げられると考えました (Bandura, 1986)。学び手の自己決定性が高ければ，自己効力感をもつことにつながり，学び手の主体としての動機づけは高まり，自分の感情や行動をコントロールできるようになり，結果としてよい自己調整学習が実現できると考えたのです。

このように，主体性のある学びを実現するうえで，メタ認知とは異なる側面で，自己調整学習ができるようになることは，大切なことであるとわかります。

■自己調整学習のメカニズム

自己調整学習のメカニズムを表すモデルはさまざまに提案されています。ですが，諸説を横断するモデルとして，シャンクとジマーマン（2009）は「**予見**」

第1部 新しい学びの考え方 ── 第3章 主体性のある学び

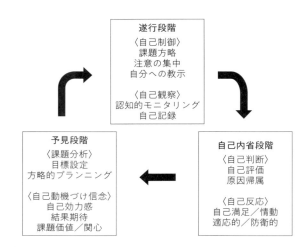

図　自己調整の諸段階と諸過程（シャンク・ジマーマン，2009, p.232）

「**遂行**」「**自己内省**」の3つの段階が循環するプロセスを提案しています（図）。これを見ると自己調整はかなりメタ認知的な過程です。予見段階では，学習の目標をどうしようか，どの方略をとろうかと考えます。自分ができるだろうと考える自己効力感が高い学び手は，自分の学びの結果に対して比較的高い期待をもち，適切な目標を高く立て，よい方略を選択するといいます（Zimmerman, 1989）。場合によっては**援助を求める**（help seeking）という判断をする場合もあるでしょう。ちなみに，自己調整学習においてこのような援助要請ができることは非常に重要です。わからないからといって放っておくのではなく，ヒントをもらったり助けてもらったりすることで，新しい学習機会を得ることにつながるからです（**足場かけ** ☞ 6.6節）。ふだんから必要があれば質問や援助要請ができるような学級づくりはとても大切です。次に，遂行段階では，課題に取り組む際に注意を集中させたり，課題遂行の効率を向上させるためにメタ認知的知識を活用したり，課題遂行状況をメタ認知的モニタリングしたりという活動が行われます。最後の自己内省（**リフレクション** ☞ 6.5節）段階では，学習状況を，目標を基準として自己評価し，得られた学習結果がどうして生じたのかを考える活動（**原因帰属**）が行われます。うまくいっていれば満足するでしょうし，うまくいっていなければ，適応的反応（自分の学習の仕方がよかった／

悪かったと考え，やり方を修正しようとする）あるいは防衛的反応（自分は悪くないと考える）が生じたうえで，次のステップにおける予見の活動にまたつながっていく，と考えられています。

こうした自己調整学習をきちんと実現できるようになるのは，それなりに難しいことです。たとえば，「自分はうまく学習できているのか？」という質問に答えるように自己内省をかけるのは，意外と難しいものです。なぜなら，自分がどこまでできていれば「上出来」なのかを自分で決めなくてはいけないからです。教師やテストに頼ることももちろん可能ですが，それでは自己調整とは離れてしまい，自ら学ぶ力をつけることにはなりません。自己調整学習における自己内省は，こうした難しさをもっています。教師が学び手に自ら学ぶ力を期待するとき，この自分なりの学びの進展を判断する基準を調整してあげなくてはなりませんが，教師は学び手の自己決定性を担保するかたちでこれを行う必要があります。多くの場合，これを実現するために教師と学び手は対話をとおして基準を決めていきます（ポートフォリオ評価法☞ 6.2節，ルーブリック☞ 7.1節）。このような自己調整学習のプロセスをとおした学びは，そこで理解しなくてはいけない何らかの内容知識と，さらに自分の学び方について内省することによって，自分の学び方自体を改善していくことで実現されます。

■ どのような実践が自己調整学習につながるのか？

学び手は，うまく自己調整ができるようになると，学業のパフォーマンスも向上するといいます。ジマーマンらは，学校の成績が優秀な学び手は，以下のような自己調整学習の実践ができていることを指摘しています（シャンク・ジマーマン，2009, pp.97-98）。

- 期日までに宿題を仕上げること
- 他にやりたい興味のあることがあるときでも勉強すること
- 学校で教科の授業に集中すること
- 役に立つ授業内容をまとめたノートをつくること
- 授業の課題に関する情報を探すのに図書館を利用すること
- 効果的な学習計画を立てること
- 学習に関することを効率よく整理すること

・授業や教科書で出てきた内容を憶えておくこと
・家庭で集中して学習できる環境を整えること
・学習に取り組めるように自らを動機づけること
・授業の話し合いに参加すること

　ただ，これは所与のスキルというわけではなく，学校や家庭における自己調整の実践の中で育まれていくものです。また，教師や親が「早くやりなさい」「計画しなさい」と指示するだけでは，学び手の自己決定性や主体性が損なわれてしまいますので，こうした行為をしようと考えるように，学校や家庭においてうまくはたらきかけ続けることが大切です。本書の6.2節ではどのようなはたらきかけが，自己調整学習のスキルを育むことにつながるのかを解説しています。

協調学習の調整

◼ 協調学習とは？

　本節では学び手が質の高い協調学習に不可欠な**調整**（regulation）について扱いますが，その前に協調学習とは何かについて確認しておきましょう。2.4節では，学習場面における**共同（協同）**と**協調**という言葉のうえではよく似た2つの対話形態の違いを説明しています。それによれば，協調的な対話が求められるのは答えが必ずしも一つに定まらず，ある問題が解決すると次の問題が生まれてくるような学習場面です。協調学習とは，メンバー各自が異なる視点を持ち寄り取り組むことが必要となるような，複雑な問題解決を扱う学習を行う際に用いる学習形態なのです。

　ではなぜ，授業で協調学習を取り入れる価値があるのでしょうか。それは，個人学習と比較して学び手同士の対話が理解をいっそう深め，また，協調学習を多く経験することで，学習場面のみならず日常的に他者との対話を上手に行えるようになるためです。ここでいう「理解が深い」とは憶えているだけではない「使える知識として学習内容を理解していること」です。「使える」というのは後に学習するより難しい内容を理解するときに役立つ，あるいは学習した知識を日常的な場面で利用できるものです。より深い学びを求めるのであれば，協調学習を授業に取り入れたほうがよいですし，しかも，学び手が協調学習をうまく行えるようになることでその効果はいっそう高まるという相乗効果があります。

◼ 協調学習における調整

　このように大きなメリットのある協調学習ですが，誰もが簡単にできるわけではありません。学習には自己調整が必要なのは3.3節で説明しているとおりですが，複数の学び手が目標を共有して取り組む協調学習では，学習の調整はより複雑になります。というのも個人学習の場合，教師などの支援があるにしても自己調整の対象は自身のみで，失敗しても結果は自分に返るだけです。しかし，他者と一緒に学びを進める協調学習の場合には，調整の対象が自分だけではなく他者にまで及ぶことになります。自分がやるべきことをやらずに（で

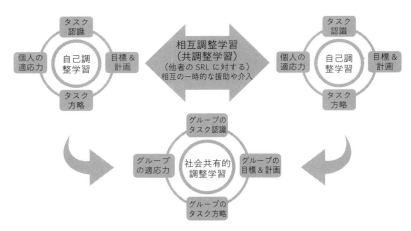

図　自己調整学習と社会共有的調整学習（Miller & Hadwin, 2015）

きずに）グループで取り組む課題の進捗に支障をきたせば，結果として他のメンバーの学習も妨げることになってしまいます。ですから，協調学習では互いの学習に対しても気を配り調整を行うことが大事です。この他者に対して行う学習の調整は**相互調整**（共調整，co-regulation），そのような調整を行いつつ学習を進めることは**相互調整学習**（共調整学習，co-regulated learning）と呼ばれます（Miller & Hadwin, 2015）。この調整はグループ活動中に，学習の方略，活動のモニタリングと評価，目標の設定，あるいは動機づけといった調整活動のプロセスのどこかに問題が発生していると感じ取った者が，それを解消するために他のメンバーに対して行う創発的なはたらきかけのことです（図）。相互調整を行う目的は，メンバーが自己調整を適切に行えるようにするためですから，あくまでも一時的な調整であり問題が解決すれば必要がなくなります。相互調整学習が行えているグループでは，「そういう場合は，こうやればうまくいったよ，試してみたら？」「ここまでできたら，いったん確認をしよう」など自己調整に関わる成功体験の伝授や一時的な相互作用に有効な方略や知識を伝えるといったはたらきかけを行うことで，メンバーの自己調整を促しつつ学習を進めていく様子がみられます。

◼ 調整の実行に影響する要因

 とはいえ，学び手は相互調整が必要な状況に陥っても必ずしも調整を実行に移すとはかぎりません。なぜなら解決すべき問題に気づくことと解決すべき手段を知っていることは別であり，学習に対する**主体性**（agency）のもち方によっては，問題に気づき対処法も知っていても実行に移さない場合もあるからです。必要な相互調整が行われず学習活動に支障をきたしている場合には，これらの何処かに原因があると考えられます。したがって協調学習のグループ編成では，相互調整ができる者がグループにいたほうがよく，その意味で，好きな者同士でのグループ編成は，学習活動がうまくいかなくなる危険性をはらんでいます。

 こう考えると，教師が協調学習形態の授業を実施する前に調整に関する学び手の特性をあらかじめ把握することがグループ編成に役立ちそうです。柴田ら(Shibata, Oshima, & Oshima., 2016)は，協調学習で起きる典型的な問題についての認識と対応を，マンガ形式で尋ねる質問紙を用いて収集し，学習活動中の振る舞いとの関係性を調べています。その結果，協調学習の前に収集した質問紙の回答内容と学習活動中の振る舞いには，関係性があることが明らかになっています。

 また協調学習における調整には，**社会共有的調整学習**（socially shared regulation of learning）と呼ばれるものもあります。相互調整は学び手から学び手に対する個人的なはたらきかけですが，**社会共有的調整**はグループとしてどう学習活動を進めていくべきかを踏まえたメンバー全員に対するはたらきかけです。社会共有的調整学習については，6.4節で詳しく説明しますが，協調学習で取り組む課題がより複雑になればなるほど，あるいはより不確定要素が多く含まれるものになるほど，学び手の自己調整や学び手同士の相互調整だけでは難しくなり，必然的に社会共有的調整が求められるのです。

◼ 協調学習の支援：支援のスクリプト理論

 学習の相互調整の際には，先にも述べたように調整者が他者に対して行うはたらきかけについての方略や知識をもっており，それを使える・使おうとする場合に実現可能となります。しかし，学び手はいつでもそのような方略や知識をもっているとはかぎりません。そのような方略や知識は経験を積んで学び手自身が構

築していくものだと考えると，これまで協調学習の経験がほとんどない学び手たちに対して，「さあ，グループになってこの問題を解決しましょう！」などと言っても，うまくいかないことのほうが多いのは自明のことです。ですから，教師が協調学習の進め方についての支援を行うのは大きな意味があります。それは単純にグループワークがうまくいくようにする支援というのではなく，むしろ上手にグループワークを進めるのに必要な知識と方略を身につけてもらうための支援です。

このような支援の一つとしてフィッシャーら (Fischer et al., 2013) の，**コンピュータを用いた協調学習における支援のスクリプト理論** (script theory of guidance in Computer-Supported Collaborative Learning) があります。**スクリプト**というと，いわゆるレストラン・スクリプト (Schank & Abelson, 1977) のような，場面に応じて行うべきことがだいたい決まっており，それを決まった順番で話していけばものごとが問題なく進むものを想起しがちですが，そうではありません。この**支援スクリプト理論**では，学び手の協調活動を支援するために，**内的協調スクリプト** (internal collaboration script) と**外的協調スクリプト** (external collaboration script) が必要だとしています。このうち内的協調スクリプトとは，学び手自身の中に構築され，学び手の協調に関する理解やどう行動したらよいのかを支援するもので，完全に固定されてはおらず特定の協調活動において都度ダイナミックに構成されます。一方，外的協調スクリプトとは，学び手の協調作業をガイドする手段として外部の情報源（たとえば，教師やウェブサイトなど）を通じて学び手に提供されるものです。例をあげると，大島ら (Oshima, Oshima, & Splichal, 2015) では，大学の授業にこの支援スクリプト理論を適用しています。具体的には**課題解決型学習**のデザインを外的協調スクリプトとし，毎授業終了後に作業報告と個人の振り返りをさせることを通じて，他者とどう協調すべきか，具体的にどうすべきかを考える機会を与えるという内的協調スクリプトを用いています。

支援のスクリプト理論は，もともとグループ内のコミュニケーションが難しいオンラインでの協調学習を対象として考案されたものですが，対面コミュニケーションの協調学習にも十分に適用できるものと考えられます。それは，協調の経験が不足している学び手にとっても，グループ内コミュニケーションは十分に難しいものだからです。

学びに関する素朴理論

　人が日常生活での経験から形成する考えを**素朴理論**と呼びます。学習科学は，人はいかに学ぶかの研究をとおして理論化しますが，研究者でなくても私たちは自他の経験から，学ぶとは何をすることか，どのように起こるかといったことについて自分なりの考えを形成しています。学ぶという事象は知識や信念，欲求，意図といったさまざまな心の状態（mental states）が関わるものであることから，心の状態への気づき，すなわち**メタ認知** ☞ 3.2節や，自他の行動を心の状態から予測・解釈する能力である**心の理論**（theory of mind）の発達と関連が深いものと考えられています。また学びに関する素朴理論は，本人の学びへの取り組み方や成果に影響することがあるため，教育的にも注目されています。新学習指導要領でもコンピテンシーベースの学びへと児童・生徒の経験する学びを変えることによって，知識社会で活躍するにふさわしく，質の高い学びに関する素朴理論をもった人を育成しようとしています。

■ 学びについての理解のめばえ

　人がどのような学びに関する素朴理論をもっているのかは，さまざまな年齢について，多くの方法で研究されています。学校に通うようになると授業での学びの経験と結びついた考えが語られるようになります。特にその授業が教師からの一方的な講義であるとすれば，学ぶとは，特定の答えを憶えたり，ある方法を繰り返し練習したり，実際の生活には直接関係のないことだといった考えをもちやすくなります (Tsai, 2009)。学習科学に関心をお持ちの読者であれば，学習とは，知識を組み合わせて適用し問題を解決したり，あるテーマについて統合的な理解を形成したり，新しい見方ができるようになることだという考えをもってほしいと思われるでしょう。これらはより質の高い，高次の考えだといえます。

　それでは学校に通う前の子どもたちは，どのような素朴理論をもっているでしょうか。学校と結びついた学び，特に受動的な学びのイメージはどのように生じてくるのでしょう。人は生まれたときから日々学び続ける高い学習能力を

もっています。しかしその学びがどのように起こっているのかの理解が最初から伴っているわけでは当然ありません。幼児の学びについての理解は，メタ認知の発達，特に心の理論の発達と関連が深いといわれています。なぜなら学びには知識の獲得という心の状態の変化が伴いますが，その変化を正確に捉えられるかどうかは心の理論研究が問題にしてきたことの一つだからです。たとえば，人は3歳頃までに「思う」や「知る」といった動詞を使うことで自分の知識の状態に言及するようになります (Olson & Astington, 1986)。しかし3歳児の多くは，人が時に客観的事実とは異なる信念（誤信念）をもつという理解が不十分です。たとえば，ある物のありかがAからBへと変化したことを自分は知っているときに，Aにあるということしか知らない他者の視点に立って，Aを探すという行動を推測することが難しいということがわかっています。5歳児の多くは誤信念課題と呼ばれるこの課題を正しく遂行することができます。

こうした4歳前後の心についての知識の発達が学びについての理解の変化をもたらすと考えられます。何かができるようになりたい（欲求）からだけでなく，対象に集中を寄せること（注意）や，できるようになるために練習すること（意図）が伴って，学びが成立するというように，異なる心の状態を考慮できることは，学びについての理解を精緻にすると考えられるからです。

そこでソーベルら (Sobel, Li, & Corriveau, 2007) は4歳児と6歳児を対象に，教室にいる先生が歌を歌って子どもたちがその歌の歌い方を学ぶという状況のお話を提示し，欲求，注意，意図の組み合わせがさまざまに異なる子どもがそれぞれ歌の歌い方を学んだかどうか，どうしてそう思うかを尋ねました。その中でたとえば「ボビーは歌を学びたいと思っています。彼は部屋の後ろのほうに座ってブロックで遊んでいます。彼には歌が聞こえません」（欲求あり，注意なし），「アリソンは歌を学びたくありません。彼女は先生のそばに座って歌を聞いています。彼女には歌が聞こえます」（欲求なし，注意あり），「サリーは歌を学びたいと思っています。彼女は先生と一緒に歌を歌いません。先生が歌っても決して一緒に歌うことはありません」（欲求あり，意図なし），「キムは先生が歌うのを座って聞いています。彼女には歌が聞こえます。彼女は先生と一緒に歌を歌うことは決してありません」（注意あり，意図なし）といった心の状態が非整合なお話を提示しました。すると意図や注意が伴わないが欲求があ

る場合に，4歳児は6歳児よりも，その子が歌を学ぶだろうという判断をする傾向にありました。理由づけでは，4歳児が欲求に言及するのに対して，6歳児は注意や意図に言及する違いがみられました。このように，子どもの学びについての初期の理解は欲求ベースであり，他の心の状態の関与を認識することでより洗練されていくと考えられます。

ソーベルはまた，学びにおける主体的な行為の役割を子どもたちは理解しているのかについても検討しています (Sobel & Letourneau, 2018)。あれこれ試してみるという探索が幼い子どもの学びを引き起こすことは広く認識されていますが，子どもたち自身はそれをどのように認知しているのでしょうか。あるおもちゃの使い方をまったく知らない子どもが，自分で試行錯誤して使い方を説明できるようになったというお話（行為条件）と，おもちゃにまったく触れることなく，母親が実演して使い方を教えて，子どもが使い方を説明できるようになったというお話（教授条件）を聞かせて，それぞれのお話で「その子はおもちゃがどう動くかをどのようにして学んだかな？」と3〜5歳児に尋ねました。登場人物自身の探索行為が学びを媒介しているかどうかによって回答が異なるがポイントです。

結果は，月齢が高いほど，行為条件で登場人物の行為に言及し，教授条件で母親の教授に言及する傾向がみられ，何から学びが生じているかを適切に認識できるようになっていました。興味深い点は，4歳半前後で年齢を区切って比較したところ，低月齢群は行為条件で6割，教授条件でも5割が行為に言及し，登場人物がおもちゃにまったく触れていないにもかかわらず，母親の教授に言及した子どもは20%に満たなかった点です。さらに，高月齢群は行為条件で9割以上が行為に言及することができましたが，教授条件で教授に言及できたのは5割半ばで，行為に言及した子どもが4割以上もみられました。この時期の子どもは，学びが本人の行為によって起こると認識するバイアスがあり，行為と学びの関係についてのメタ認知的理解は就学前後に発達していくと考えられます。逆にいうと，子どもがいくら自由な探索の中で学んでいたとしてもその行為の意味や学び手としての有能さをメタ認知できてはいないと推察されます。子どもが能動的に学んでいるとき，本人の意図的な行為がいつ，どのように学びにつながっているのかの理解も支援できれば，能動的な学び手としての

自己理解の発達を促し，学習環境の効果をより高めると考えられます（Sobel & Letourneau, 2018）。

◾ 認識論的理解の発達

4歳前後の誤信念課題の通過を一つの節目として，学びについての素朴理論はどのように発達しうるのでしょうか。キューンら（Kuhn, Cheney, & Weinstock, 2000）は**認識論的理解**（epistemological understanding）の発達を次のように想定しています。認識論的理解とは知識や「知るということ」についての理解で，キューンはこの発達を主観性と客観性の関係づけの変化であると考えています。

- **現実主義**：人が何かを知っているというとき，その内容は現実をそのまま写し取ったものであると考える段階。主観性，対立する信念は存在しえない。誤信念課題を通過できない幼児はこの段階にある。
- **絶対主義**：知識は個人の心の中で構成されるが，誤信念が生じるのは誤った情報が与えられているからにすぎず，現実に照らして直ちに修正することができると考える段階。客観性が優位にあり，信念が対立する場合はどれか一つが正しいと考える。誤信念課題を通過した幼児はこの段階にある。
- **相対主義**：知識は個人の心の中で「意見」として構成されていると考える極端な段階。主観性が優位で，専門家でも意見の相違があるように，対立する信念はどれも等しく正しく，好みの問題と考える。青年期に典型的にみられやすい。
- **評価主義**：知識は個人の心の中で構成され，不確かなものであるが，何らかの基準によって評価できると考える段階。主観性と客観性の調整が図られ，皆が意見をもつ権利はあるが，基準によっていずれかがより適切であると判断することができる。多くの人が成人期までに到達するが，全員ではない。

たとえば誤信念課題を通過した5, 6歳児でも，異なる意見の存在は認識できても，いずれかの信念が誤った情報に基づいているのであり，等しく正当であると考えることは難しいことが示唆されています。8歳でも，子どもは曖昧

な刺激に対して異なる解釈がなされることを判断できず,他者も自分と同じように解釈するだろうと考える傾向にあります (Carpendale & Chandler, 1996; Pillow & Henrichon, 1996)。これをキューンは絶対主義の段階と考えています。

　キューンは同一個人でも領域(単純な好み,芸術性,道徳性,自然科学等)によって示す認識論的理解が異なりうるという領域固有性や文化の影響を検討しています。さらに「死刑制度,銃規制といった議論が分かれる社会的問題は個人的な意見の問題であり,ともに議論する価値はない,ということに賛成か,反対か」と問うた研究では,賛成する人の理由は絶対主義や相対主義の立場に立ったものであったと報告しています。キューンは評価主義においてのみ考えることの価値(intellectual value)を認識しそれに進んで取り組もうとすることにつながると考え,そのためには対立する意見の中で論証をとおして意思決定し,問題を解決する学習経験が何よりも重要であるといっています (Kuhn & Park, 2005)。認識論的理解の領域固有性を踏まえるならば,特別活動といった領域に限らず各教科でのそうした経験の重要性が認識されるでしょう。

協調問題解決

協調問題解決（collaborative problem solving）とは，2人以上で「問題を解決するのにいたるために必要な理解と努力を共有し，それを達成するための知識，スキルや努力を出し合うことによって問題を解決しようと試みるプロセス」(OECD, 2017) のことです。特に複雑な問題に取り組むときに協調問題解決は有効だといわれます (Hesse et al., 2015)。しかし，なぜ協調問題解決をするとよいのでしょうか。また，協調問題解決ではどのような学びがみられるとよいのでしょうか。そして，どのように協調問題解決をデザインするとよいでしょうか。

■「協同（協働）」と「協調」の違い

グループで取り組む問題解決学習を示す言葉には「協調問題解決」や「**協同問題解決**」「問題基盤型学習」などさまざまですが，ここでは，「**協同（協働）**」と「**協調**」の違いを考えてみましょう。なんとなく言葉の印象から，一緒に働いている感覚のある「**協同学習**（cooperative learning）」や「**協働学習**」のほうが，社会に役立つ人材輩出という観点から見てもいいんじゃない？　と思う方もいるかもしれませんが，学習科学の立場からみれば，「**協調学習**（collaborative learning）」の考え方にこだわることが，対話的な学びを深めるためには重要です。

ディレンボーグ (Dillenbourg, 1999) は，**協同学習**は課題が個人に割り当てられ，個々に解決した結果を集積して最終成果とするものであり，**協調学習**は一緒になって課題に取り組むものであるところに違いがあると述べています。協調学習においても，多かれ少なかれ，課題を小さく分割することはありますが，相互に一つひとつの小課題にも関わり合いながら，学習を進めていくことが大切です（分散認知と分業 ☞ 5.2 節）。学び手の活動がそれぞれ密接に絡み合って，互いに積み重なり，ある学び手の活動を別の学び手が参照し，一緒に取り組むのです。その中で，学び手同士が考えを練り合い「これはこのような意味合いがあるのだ」という**意味づけ**（sensemaking）を行うことが，協調学習では期待されます。

■ 問題解決

次に気になるのは「**問題解決**」です。「問題解決」といっても，どのような活動が必要なのか，わかりにくいですね。たとえば「1 + 1 = はいくつ？」も問題といえば問題です。ではここで扱うべき「問題」とはいったいどんな問題でしょうか。

ヘッセら（2015）は，**21世紀型スキル**に関連した協調問題解決を定義するときに，そもそも問題解決とは，学び手が現在の状態と望ましい目標状態との間の不一致を認識し，この不一致が決まりきった方法では解決できないことを認識し，その後その目標に到達するために与えられた状況に基づいて行動しようとする活動であるといっています（Hesse et al., 2015, p.38）。ですから，ここで与えるべき問題は単純で解き方の決まった問題ではなく，学び手自身が主体的に取り組んで考えないと解けない問題です。さらに，問題が解けた状況（望ましい目標達成状態）を何らかのかたちで学び手が認識できて，その解決を実行可能である問題を与えることが大切です。

こうした問題解決に一人で取り組むことと，協調して取り組むことではどう違うのでしょうか。第1に，一人で取り組むとその学び手が頭の中で考えるだけで問題解決をすることになりますが，複数人で対話しながら取り組む際には，頭の中で考えている考えや行動プランを共有するために，話したり聞いたり書き出したりする必要が出てきます。その結果，直接お互いにそれらを観察することができるようになります。第2に，複数人で対話しながら取り組めば，お互いの考えを観察するだけでなく，その考えに対して明確化・訂正・追加・構築・関連づけなどの**議論をとおした推論**のプロセスが生じ，結果として参加者が最初はもっていなかった知識や問題解決方略を一緒につくり出すことができます。第3に，よく理解していない学び手がいる場合は，互いに助け合いをする（**足場かけ** ☞ 6.6節）ことで，それまで知らなかった知識やスキルを身につけながら，問題解決に向かって取り組むことができます。教えるほうも，自己説明 ☞ 2.2節 することで，自分の知識やスキルが高まることが期待されます。第4に，学び手が他の学び手の意見に接する中で，矛盾する意見が出てきたりすると，**認知的葛藤**を感じて，自分の考えを吟味することができるようになります。その矛盾を解消するために情報や方略を求め，結果として新しい考えに結びつ

くことも考えられます（Webb, 2009）。このように，一人では難しい問題解決でも，複数人で対話しながら取り組むことで，それぞれの知識や能力，考えを引き出しつつ，一緒に新しい考えをつくり出したり，知識や能力を身につけたりしながら学ぶことで，よりよい目標状態に到達できます。

問題基盤型学習（PBL）☞ **5.4節** は，学び手が主体的・対話的に協調問題解決に取り組む探究学習の方法の一つです。PBLの源流はデューイにまで遡りますが，彼は，現実世界で熟達者が取り組むものに相当する，能動的な探究がより深い理解に結びつくと考えていました。そうした考え方が脈々と受け継がれ，学習科学においては，協調問題解決では，実際に取り組む価値のある（学校外の大人が実際に取り組むような真正な（authentic），意義を感じやすい）問題に取り組むことが重要だといわれています☞ **6.1節**。

■ 協調して問題解決するときにどのようなことが起こるのか？

協調問題解決のメカニズムについては，1980年代〜90年代前半にかけてさまざまな研究がなされました。ここでは，代表的な2つの理論を紹介します。

● 収斂説

協調問題解決においては，学び手が言葉を使って話す中で，相互に意味をつくり上げたり共有したりしていくことが大切です。それぞれの学び手がもつ学習の対象へのイメージや，もっている知識・能力は異なります。そこでお互いにいろいろな考え方や知識を提供すると，今度はその場に提供された多様なアイデアの間で一貫するような考え方をしていこうとする現象が起こります。問題解決の目標があるのに，多くの道筋が示されるだけでは，解決にむけて学びを進めることが難しくなってしまうからです。すると，多様な意見を**収斂**させるような考え方を評価するように話し合いが進んでいきます。そしてしだいに，全体を包括できるような抽象度や一般化可能性の高い知識や方略をつくり出していくようになります。ロシェル（Roschelle, 1992）はこうした協調問題解決の収斂のメカニズムを見いだしました。学び手はこのような話し合いの中で，知識や問題解決方略，意見が共有され，互いに吟味することで，それらの意味づけを行っていきます。こうした協調学習の効果は**間主観性**（intersubjectivity）

と呼ばれます。

● **建設的相互作用説**

一方，三宅（Miyake, 1986；三宅, 2007）は，学び手の間の意見交換をとおして，互いに多様な見方や考え方が提供され，それをとおして自分のやり方や説明が見直されて，学習する対象のものごとの理解が深まるというメカニズムを見いだしています。これを三宅は**建設的相互作用**（constructive interaction）と呼んでいます。

三宅は，「ミシンはどうして縫えるのか？」という問題に，学生が２人１組で取り組む協調問題解決の実験を行い，その話し合いの過程を分析しています。その結果，片方が課題遂行者になり，片方がそれを観察するモニターの役割を果たすが，その役割はしばしば交代すること，モニター役は課題遂行役の視点とは異なる広い視野から別の解法や考え方を提供すること，そうした多様な考え方が比較・参照されて協調的に吟味され，最終的に一般的で抽象度の高い答えにいたることを見いだしています。これは，一人だけでは「わかった」と納得し，そこから先に進まなくなってしまうことについても，他者から別の考え方が提供されると，それを比較・統合する吟味活動が生じ，その過程をとおして学び手が相互に知識をつくり出し，深く理解し合うことにつながるのだという立場です。

◻ どのように協調問題解決を組み込むのか？

まず，学び手が一緒に取り組める，ちょっとすぐには解けないような，しかし学び手が取り組みたいと思える**真正性**の高い（本当に取り組む価値のある）問題を考案することが大切です☞6.1節。これは，日常で実践されている教材研究をとおして考案することができるでしょう。教材研究においては，教師が問題解決過程をあらかじめ学び手の視点から取り組んでみることが大切です。

そのうえで，協調して取り組むことを重んじる文化を教室内につくることも重要です。科学教育の分野で，協調問題解決の実践研究が先行する米国でも，学び手は最初からうまく協調できるとはかぎりません。グループ活動が遊びや競争になってしまって科学の学習に結びつかなかったり，教員が難しいところ

を手助けしすぎたり，教員が協調活動をどう支援したらいいのかわからないといった問題が生じるといわれています。この対策には，まず協調して何かをやってみる練習課題に取り組んでみること，同時に，協調は社会の中で普通のことで，協調がうまくいけば成果があげられることがわかっていることを，何度も強調して説明することが重要です (Kolodner, 2002)。実は協調は，日本の小学校では班活動などをとおして比較的よく取り組まれているので，学び手も教師も知らないわけではありません。今いる教室の中に，こうした価値観を共有する**協調の文化**をつくり，定着させていくことが大切です。

また，学び手が協調しやすいような環境づくりも必要です（分散認知と分業☞5.2節）。一つの大切な原則は，学び手が考えを頭の中から出して表現したり（**外化**☞2.1節），編集・操作して吟味できるようにすることです。ホワイトボードや模造紙などを用いて一緒に書き込んだり，お互い向き合って同じものを見ながら話したり（**共同注視**☞5.2節），互いに発表会をしたり意見を交換する機会を設け，（否定的なものを含め）意見を言い合う練習をしたり，といった工夫で，かなり効果的な環境づくりが期待できます。

集団的認知責任

知識構築 ☞ 4.8節 としての学びが成り立つとき,そこに参加するそれぞれの学び手が果たす役割を総称して集団的認知責任(collective cognitive responsibility)と呼びます(Scardamalia, 2002)。この集団的認知責任とは,学び手が所属する共同体(集団)の知識を向上させるために何をすべきかについて正しい意識をもっていること(責任)を指します。すなわち自らの意思で知識構築実践に参加し,そこで意味のある活動を展開する意思を示していることになります。では,そうした責任をもった学び手は知識構築のために何をするのでしょうか? スカーダマリアとベライター(Scardamalia & Bereiter, 2014)は,それを次のように説明しています。

●**アイデアの向上**:知識構築実践を展開するとき,学び手は常に自分たちのアイデアについて意識し,それを向上させ続ける責任を担います。問題をどのように捉え,それをどう解決したいのか,そしてどういう結果をもたらすことができれば「良し」とするのかといった基準を仲間と共有しながら,アイデアを向上させ続ける必要があります。アイデアとは,それまで学び手が理解してきたさまざまな知識や,学びをとおして理解する新しい知識を要素として,彼らが今解決すべき問題に対する解法として組み立て上げるものです。そしてそれを向上し続けるということは,継続的に改善を試みることであり,他者からの批判に対して,常に改善をとおして対処することを厭わない姿勢が必要となります。

●**知識構築のための対話**:アイデアの向上は,他者との対話をとおして展開されます。アイデアを向上させ続ける(知識を構築する)ためには,自分たちの考えるアイデアの適用範囲を拡張しようとする横への広がりと,さらに精緻化しようとする縦への広がりをバランスよく展開する必要があります。いずれの場合も,自分たちのアイデアを説明というかたちで外化して,それを他者と共有し吟味し続けることになります。

●**権威的情報の建設的利用**:学び手が権威的情報(教科書やその他で学ぶ正しいとされている知識)に対して,知識構築の対話を展開する姿勢をもつことを意味しています。確かに権威的情報や知識を批判することは難しいのですが,新たな知識を創造する知識構築実践では,そうした知識こそ吟味の対象となります。すなわち先人の考えたアイデアを,今自分たちが展開している知識構築実践の対話の中に「一つのアイデア」として取り入れることで,その他の仲間のアイデアと同じように利用するのです。

●**協調的説明構築をとおした理解**:アイデアの向上を継続させる科学者共同

体では,アイデアは説明として(理論やモデルといったかたちで)存在します。こうした科学的説明をアイデアとする知識構築実践に参加し,対話を展開する責任を担える社会人の育成は重要な課題としてOECDも注目しています(OECD, 2008)。そしてそうした説明をアイデアとして向上させ続ける協調活動をとおして,それぞれの学び手が自分なりの理解を副産物として獲得していくのです。このとき,それぞれの学び手は必ずしもまったく同じ知識を獲得するわけでなく,それぞれの受けもつ認知的責任に基づいて多様な知識を獲得することで,常にその人なりの貢献が尊重されていきます。

PART 2

第 2 部

新しい学びのための授業設計

Chapter 4

第4章
主体的な学びを深める
授業設計のために

知識統合

　学校教育で学んだ知識を，日常生活でさまざまなことに当てはめて考えたり，自分の問題を解決したりするのに使えるようにすることは，学校教育の大きな目標といえるでしょう。しかし実際のところ，学校で学んだ知識や方略を日常生活で生かす**転移** ☞ 1.4節 が生じるのはなかなか難しいこともわかっています（波多野・稲垣，1989）。一つひとつの学習でわかったことを丸暗記して，テストのときにだけ使えるようにするのではなく，学んだ知識は自分の社会や生活とつながっていることを感じて，賢く世の中で生きるために，あるいは日常生活でより豊かに過ごすために自ら知識を使えるようにするにはどうしたらよいでしょうか。本節ではそうした学びを引き起こす考え方の一つである**知識統合**について説明します。

☐ 知識統合とは？

　知識統合とはその名のとおり，さまざまな知識やアイデアを統合して，ある現象に対する一貫した理解をする知的なプロセスを指します。特に，知識統合では学び手自身の個人的な経験や問題と結びつけて説明しようとすることで，ただ知識を断片的に憶えるよりも，より一貫性のある見方で，かつ日常生活でも使えるような理解を目指すという点が特徴です（Bell & Linn, 2000）。

　なぜ知識統合を目指すのでしょうか？（Linn & Eylon, 2011）　それは，知識統合をしている学び手は，授業で学んだことと，自分のアイデアや直観を利用して，自分の理解を再構成しようして，よりよい現象理解に結びつけられるからです。その領域の一貫性のある見方・考え方をもっているおかげで，少し変わった状況や例外事象に遭遇しても，その見方・考え方をもとにした直観的アイデアを利用して，どのようにそれが自分のものの見方や概念枠組みに当てはまるかを主体的に考えようとするのです。ですが，ただ教えられただけ，あるいは教科書を読んだだけ，教師の指示通りに実験しただけの学び手では，そうはいきません。わかったつもりになって，ただ教師や教科書が教えてくれた断片的な知識は憶えてはいますが，一貫性のある理解がないために，日常生活で変わった

状況に遭遇すると，それをただの例外とみなしてしまったり，学んだことと直観的なアイデアを結びつけることができないまま，その現象を理解することができなくなったりしてしまうのです。

■ 知識統合をどう促すのか？

　知識統合を促すには，学び手の日常に即した**探究**的な題材をきっかけに，学び手がいろいろ考えたり調べたり，自身のアイデアを引き出したりしつつ，納得のいく説明を構築しようとできる学習環境づくりが必要です。

　知識統合を一貫して研究しているマーシャ・リンたちは，理科の学習を対象にしていますので，そこで取り上げられた「熱と温度は同じか？」というテーマの理科の題材を例にして説明してみましょう (Linn & Eylon, 2011; 三宅・白水, 2003; Linn, 2005)。まず，教師が「熱と温度は同じだと思うか？」という質問を投げかけます。学び手は，さまざまなアイデアをもっています。熱と温度は同じだと言うかもしれませんし，病気のときに体温を測るエピソードを出して，高熱のときには熱があると言うかもしれません。こうした個人的経験やアイデアが出てくると，他の学び手にとってもアイデアを思いつく参考になります。触るものによって熱さ・冷たさの感じが違うという話も出てくるかもしれません。このようにして**多様なアイデアを引き出して**，アイデアのレパートリーをつくります。これは，学び手がさまざまな経験からもっているアイデアを活かして，自分が観察したことや経験したことの意味を実際に分析するように動機づけるようにするためのものです。こうして，理科を**学ぶことは身近で取りつきやすいと感じられるよう**にします。

　このレパートリーができてから，学び手たちのアイデアと，理科の授業で学ぶ熱と温度の概念との連続性が比較的はっきりしている，**新しい規範的なアイデアを教師が追加**します。たとえば，次のような問題を出したりします。

---
①お昼ご飯までソーダを冷やしたままにしておくのに，アルミホイルと毛糸のマフラーのどちらで包むのがいいか？
②冬山のロッジの温度計が 5℃を示していた。部屋の中の鉄板や木の机，発泡スチロールのお椀は何度か？　触ったらどう感じるか？

このような問題に取り組むと，学び手は，自分がもっている既有知識（アルミホイルは冷たく感じるから温度を冷やしたままにするのに役立つ）は誤りだとか，鉄は他のものよりも冷たく感じるけど同じ5℃であるといったことに気づき，これまでの理解が揺さぶられます。このように問題に取り組むことによって新しいアイデアに気づき，彼らは，それらを検討するべきアイデアに追加していきます。直接答えを教示してしまうと，教師のアイデアをそのまま受け入れて，自分たちのアイデアを否定して，テストのために憶えるだけになってしまうかもしれません。授業で提示する新しいアイデアは，学び手が自分たちのレパートリーや，これから取り組む学習との間の連続性を明確に感じられるようにして，自分たちのアイデアとのつながりを考えられるようにすることで，学び手が自分たちの学習の能力に対して自信をもてるようにします。

　学び手は他にも，教科書やインターネットなどさまざまな情報源から知識やアイデアを手に入れることができます。次に学び手は，レパートリーに含まれるアイデア，新しいアイデア，さらに集まった**アイデアを峻別する**ことが必要になります。どのアイデアがよいのかを決めるには，学び手が自分たちのもつ規準を用いて，科学的証拠を検討することが必要です。たとえば熱の伝わりやすさが違うかを調べるため，アルミホイルと発泡スチロールに包まれた熱いポテトの冷め方を比べる実験をしたり，木材と金属に400度の熱が伝わっていく様子をコンピュータシミュレーションのソフトウェアを使って確認したり，さらに他のデータをWeb上で集めたりして，得られた証拠がさまざまなアイデアをどう支持するのかについて検討します。この際，大切なのは，得られた証拠とアイデアの関係がどのようになっているのかを学び手が自ら整理する中で，**考える過程を見えるようにする**（可視化）ことです。これにより，学び手が考えやすくなるだけでなく，他人からも「見える」ようになり，**お互いから学ぶ機会**をつくることができます。自分たちの考えを見ながら，説明する中ではっきりさせるという経験を積む中で，科学を学ぶうえで大切な**議論**の能力も身につけることができます☞ 5.1節。

　このように学び手が自分たちのレパートリーの中のアイデアを峻別するために証拠を集めて解釈していく際には，**推論**をはたらかせて，自分たちのアイデアやものの見方の間に関係性を見いだす必要があります。その過程では自分た

ちの規準を用いて，分析レベルの違いを見いだしたり，矛盾の理由を見いだしたり，知識の重なりやつながりを見いだしたりして，首尾一貫した説明を構築します。このように**アイデアを熟考する**ことが必要です。これには，同じ問題に対する対立する答えのどちらが正しいのかを討論したり，首尾一貫した説明をする小論文を書いたり，ポスターを作ったり，反論をもつ人に対して説得するための手紙を書いたり，といった活動が有効です。この過程で，同じアイデアをもっていてもさまざまな立場や見方があることを見いだすと，なぜそのような立場になるのか，より深く理解したいと思う動機づけにもなるし，そうした発見をとおして，自分でより納得できる説明を統合的につくり上げることにつながります。

　最後に，学び手たちは，初めは答えられなかった問題にもう一度挑戦して，今は答えられることを確認します。また，類似の（日常生活に直結した）問題にも挑戦します。そうした中で，学び手たちは学習内容が生活に役立つことを実感し，理科のことをもっと学んでいこうと考えるようになります。知識統合は，このように**生涯にわたって学ぼうとする**主体性を育成することも目指しています。

　まとめると，知識統合のプロセスでは，学び手からさまざまな**アイデアを引き出して**，教師が**新しいアイデアを加えて**から，**アイデアを峻別**して，それら**アイデアを熟考する**という一連の流れをとおして，一貫した統合的理解をつくろうとします。こうしたプロセスは，学び手の経験や観察から出発することで主体的に取り組めるようにし，少しずつ問題を解いたり実験や調査に取り組んだりする中で，わかったことを積み重ね，首尾一貫して説明ができる抽象的な知識をつくり出し，それを実際使ってみることによって知識を使えるかたちにしていく，という工夫によって実現しています。これによって，学習対象を**身近でとりつきやすいものにする**，**考える過程を見えるようにする**，**お互いから学ぶようにする**，**生涯にわたって学ぼうとする準備をする**，という知識統合のデザイン原則が達成されています。

　知識統合にむけて利用できる授業法や学習活動は，さまざまです。学習内容を個人的な経験と結びつけたり，以前の授業内容と結びつけたりすることは，知識統合を起こりやすくするうえで大切なことです。また，学び手が自分の知

識やアイデアを使って予測・観察・説明したり，実験したり，シミュレーションしたり，議論したりすることは，先の事例の説明で有効なことがわかると思います。

必要に応じて，学び手に**足場かけ** ☞ 6.6節 を提供し，うまく学習に取り組めるようにすることも大切です。たとえば，理科の学習や歴史の学習で，科学者や歴史家はどのように問題に取り組んできたのかを示すようなモデルがあると，学び手はその方略を参考にして同じように取り組みやすくなります。また，知識やアイデアと証拠との関係性がどうなっているのかを可視化したり整理したりするうえで，どのように分析したり熟考したりしたらよいか，質問を出して，望ましいかたちで考えることを促す（**プロンプト**）のも大切です。

未来の学習のための準備（PFL）

　一般に授業の流れといえば，教師が新たな知識の基本的な要素を一つずつ説明し，その後で自分で実際に知識を利活用して定着させる「説明→演習」の順序が基本です。教えたい知識をいくつかの段階に分けて説明，演習を行うステップを積み上げることで，理解が難しい複雑な知識でも効率的に教えることができます。一方で，「教えたとおりに近い問題であれば解けるが，応用しないと解答できない問題になると解けない」という学び手に悩む教師も多いのではないでしょうか。教育・学習研究では，ある状況で学習した内容が関連する別の状況で活用されることを**転移** ☞ 1.4節 と呼び，多くの教師の経験のようにこの転移を引き起こすことは難しいことが知られています。

　これに対し，学習科学ではこの転移の見方を変え，教科書のフォーマルな説明を与える前に，説明を理解しやすくする準備活動に取り組ませる「**未来の学習のための準備**（Preparation for Future Learning：PFL)」が提案されています。このPFLの考え方に沿った「準備→説明」の順序で教えたほうが従来の「説明→演習」の順序で教えるよりも学習の効果が高くなる実験結果が複数報告されているのです（Schwartz & Martin, 2004; Schneider & Blikstein, 2015 など）。本節では，PFLの基本的な考え方と準備活動のデザイン原則，PFLの有効条件について事例を交えて整理します。

■ 未来の学習のための準備（PFL）とは？

　ブランスフォードとシュワルツ（Bransford & Schwartz, 1999）は，冒頭で述べた学習した内容が他の状況で活用される「学習からの」転移ではなく，先行する経験によって学習のプロセスや能力が変化する「学習への」転移に着目しました。たとえば，プログラミングの世界では1つのプログラミング言語を習得しているエンジニアは何も習得していないエンジニアと比べると新たなプログラミング言語を習得しやすい，という話がよく聞かれます。ブランスフォードらは，このように先行する経験によって後の学習がしやすくなる「学習への」転移の視点を教授・学習活動のデザインに活用する考え方を「未来の学習のため

の準備（PFL）」と呼びました。

■PFL のデザイン事例：事例対比と自己考案

　このPFLに基づくデザインとは具体的にはどのようなものなのでしょうか。シュワルツとマーティン（Schwartz & Martin, 2004）は，統計的ばらつきの概念を学習させる目的で，フォーマルな説明を与える前に，次のような準備活動を含めた学習サイクルをデザインしています。まず，4つの仮想的なピッチングマシーンから5球ずつ中心のターゲットにボールを投げてヒットした位置を描いたイラスト（図）をデータとして与え，自分たちでピッチングマシーンのばらつきを数値化する方法を考案させ，それを全体で共有して議論します。次に，トランポリンにボールをバウンドさせたときの高さのデータを使って類似した活動をもう一度行います。以上の準備活動を行った後で，フォーマルな説明を与え，個人で演習させるまでを1つの学習サイクルとします。

　この事例における準備活動の特徴は，類似点と相違点がある複数の事例を対比させる「事例対比 ☞ 5.5節」と，問題に対する解法を自身で考案させる「自己考案」です。4つの精度の異なるピッチングマシーンという馴染みやすい事例

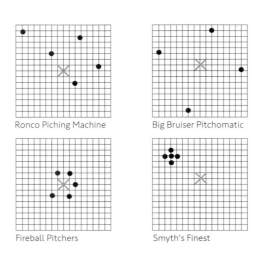

図　4つのピッチングマシーンとヒットした位置を描いたイラスト
（Schwartz & Martin, 2004, p.135）

を提示することで，学び手は問題解決の状況設定を容易に理解できます。また，それぞれのヒットした位置のばらつき（逆に言えば精度）を数値化する方法を導けという問題（目標）を設定することで，学び手はボールがヒットした位置から的の距離が大きければ不正確，小さければ正確といった既有知識を媒介にしてばらつきの意味をイメージしやすくし，平均などの関連する既有知識を引き出しやすくできると考えられます。

■ 準備活動のデザイン原則

シュワルツとマーティンの研究に加え，関連研究から，教師の説明に先行する準備活動について以下のデザイン原則が導かれます。

●学び手が問題をイメージしやすく既有知識を活用しやすい状況設定

ピッチングマシーンの例のように，学び手の多くがすでに知っており，精度のように問題の設定を理解しやすい，既有知識を活用しやすい状況設定が必要です。

●学習目標である知識を活用しないと解けない問題の設定

準備活動で取り組む問題は，既有知識では解決できないが活用して解決を試みることができる程度の複雑な問題が望まれます。問題が簡単すぎれば既有知識で解決できてしまい，既有知識をまったく活用できないほど難しくては「自分なりにやってみる」ことすらできません。

●グループで協調しながら試行錯誤しながら取り組めること

個人で取り組むよりも数名のグループで議論しながら取り組んだほうが準備活動の質が高まることが知られています（Schneider & Blikstein, 2015）。これは，グループで取り組むことで個人が気づいたことや考えていることを言葉で説明する必要性が生まれ，自身の思考が整理されやすく，他者から新たな気づきを得られるためと考えられます。

■ PFL の有効条件

　これまで PFL の基本的な考え方やデザイン原則について事例を交えて紹介ししてきましたが，PFL はあらゆる学び手に有効なのでしょうか？　近年，いくつかの関連研究によって以下のような傾向が示されています。まず，事例対比による準備活動の場合，学び手に学習目標に関する既有知識がないほうが効果を期待できるものの，準備活動の目標やねらいを理解できている必要があります (Siler, Klahr, & Price, 2013)。これは，学び手が準備活動の目標をしっかりと理解できる問題の設定や足場かけが必要であることを示唆しています。

　また，事例対比と自己考案の効果を詳細に検証した研究 (Roelle & Berthold, 2016) では，まず事例対比において類似点と相違点に関する観点を与えて検証させるグループと，観点を与えず単に事例対比させるグループで比較した結果，前者のほうが後の説明によって知識の理解を深めることができました。これは，単に複数の事例を与えて対比させるよりも，対比の観点を与えたうえで検証させたほうが後に続く説明とあわせて知識の理解が深まることを示唆しています。一方，事例対比と自己考案を行う実験ではさらに興味深い結果が得られました。事例対比で類似点と相違点にあまり気づけなかった学び手が自己考案に取り組んでから説明を与えると理解が進み，逆に多くの類似点と相違点に気づいた学び手が自己考案に取り組んでから説明を与えると理解が逆に妨げられてしまったのです。この直感に反する結果の解釈として，事例対比のフェーズで多くの類似点や相違点に気づいた学び手は自身の考えにしがみついてしまい，後の(正しい)説明をより深く理解しようしなかった可能性が考えられます。

　以上の知見から，PFL を有効に行うためには，学び手が準備活動の目標やねらいをしっかりと理解できるようにデザインするだけでなく，学び手の既有知識や準備活動への取り組み状況を把握する必要もあるといえるでしょう。

生産的失敗（PF）

前節で紹介した**未来の学習のための準備**（PFL）は，知識の説明を与えるよりも先に知識の活用を必要とする具体的な問題解決の活動に取り組ませることで，従来の説明→演習の順で学ばせるよりも学び手の知識の理解が深まるという考え方でした。ところで，準備活動はどのように学習の質を高めているのでしょうか？　本節では，PFLの類似アプローチである「**生産的失敗**（Productive Failure：PF）」に沿ってそのメカニズムを考えます。**生産的失敗**は，PFLにおける準備段階での問題解決活動における「失敗」の重要性に着目した概念です。説明を与える前に知識の活用が必要な問題解決活動に取り組ませると，当然のことながら学び手の多くはその問題を解決することはできません。そのような「失敗」は一見すると授業の進め方として望ましくないと思われがちです。しかし，生産的失敗の提唱者であるカプール（Kapur, 2008）は，その失敗のプロセスの重要性を指摘し，その研究からはPFLと共通する知見が得られています。以降では，まず生産的失敗のデザイン事例を紹介し，失敗が後の学習の質を高める理由と，生産的失敗を導く問題解決活動のデザイン原則について整理します。

■生産的失敗のデザイン事例

例として，統計的ばらつきの概念を学ぶ目的で14～15歳の学習者を対象に行った以下の実験（Kapur, 2014）を紹介します。まず，生産的失敗条件の学習者に一切の説明を与える前に以下のような問題解決活動に取り組ませます。

> マイクとデイヴはあるバスケットボールのリーグでトップの選手です。以下の表はリーグで行われた全20試合で2人が決めた得点を示したものです。このうち，より一貫して得点をあげたプレイヤーに賞が与えられます。その決定は数学的に判断される必要があります。どちらがより一貫したプレイヤーかを決めるための評価基準をできるだけ多く考えなさい。

表には各選手の各試合の得点数がそれぞれ与えられ，学習者にできるだけ多

くの評価基準の計算方法を考えさせます。この問題解決活動の後、教師が授業形式でばらつきの概念と計算方法を、事例を交えて説明し、学習者に練習をさせ、フィードバックを与えました。一方で、生産的失敗条件の学習者が生成した計算方法を見せて評価させてから説明を与える**代理評価条件**、そして説明を先に与えてから生産的失敗条件と同じ問題解決活動に取り組ませた**直接教授条件**を含めた3つのグループ間で最終テストの結果を比較しました。すると、計算方法の理解のような手続き的知識の項目得点ではどのグループでも目立った違いはないものの、概念の理解や応用力を問う項目で生産的失敗条件の学習者の得点が最も高い結果となりました（カプールによる別の実験結果からも同様の結果が得られています）。

失敗が後の学習の質を高める理由

カプール（Kapur, 2014）は、問題解決活動によって学習の成果が高まる理由として以下の点をあげています。

●まず自分でやってみることで主体性が高まり、問題解決活動により取り組む

正しい知識や解法から教える授業方法では、学び手は途中で質問はできても教師の説明を聞くことを最優先する必要があり、自らが活動へどのように関わるかについて主体性はありません。一方、生産的失敗アプローチでは、先に問題解決活動に取り組ませることで自ら考え判断する機会が増える点で主体性が高まり、その結果としてより自分事として活動に取り組むことが考えられます。

●学習したい内容に関連する既有知識が活性化する

次に、学習したい内容を活用しないと解けない問題に取り組ませることで、自らがすでに知っている知識の中から問題に関連する知識を引き出すことを促します。引き出される既有知識は正しいとはかぎらず、また人によって異なります。このような既有知識の活性化は正しい解法をまず教える授業方法では起こりにくく、このフェーズが後の説明によって理解を深める土台になります。

●自分で解いてみることで，既有知識とのギャップに気づく

先に問題解決活動に取り組む場合，引き出される既有知識は正しいとはかぎらず，わからないことに直面することも多くなります。これは，学び手が学習目標の知識と既有知識の間のギャップに気づくことを意味します。これにより，自ら学ぶ必要性を理解して後に受ける説明により耳を傾けることが考えられます。まず正しい解法について説明を受ける場合だと知識のギャップに気づくのは，たいていの場合，演習で問題を解いてみるときです。

●自分の解法と，正しい解法を比べることで，知識の重要な部分に注目する

先行する問題解決活動で生成した自分なりの解法と後に受ける説明による正しい解法を比べることで，自身の既有知識により関連づけて学習できるだけでなく，どこが違う（誤っていた）のかにより注目することで，正しい理解に重要な部分や特性に焦点を当てて知識を理解できます。

■ 生産的失敗を導く問題解決活動のデザイン原則

以上のようなプロセスを引き起こすためにはどのような問題解決活動をデザインすればいいのでしょうか。カプールとビラチック (Kapur & Bielaczyc, 2012) は，**生産的失敗**に基づく学習サイクルを「自分なりの解法の生成と探索」と「自分なりの解法と正しい解法の統合」の2つのフェーズに分け，以下のように説明しています。

●自分なりの解法の生成と探索

学び手の既有知識を使って試行錯誤し自分なりの解法を複数生成できる程度に複雑な問題を設定します。ここでいう複雑な問題とは学び手に仮説を立てて検証することを求めることで，さまざまな解法の生成が期待できる問題を指します。また，それらの解法は既有知識に基づいたものである必要があります。

また，有効な協調を起こす参加構造が必要です。単純に学習者を小グループに分けても有効な協調は起こりません。自分の解法を生成する機会や，それを他者と共有する機会，場合によっては複数の解法を活用して新たな解法の生成を促す参加構造または仕組みが必要です。また，失敗しても構わないことを教

師は注意深く伝えなくてはいけません。さらに，活動の構造として失敗すると損をするような仕組みになっていないかを確認する必要があります。

●自分なりの解法と正しい解法の統合

前のフェーズで生成した自分なりの解法と教科書の正しい解法とを比較させる機会を与えることが目的になります。したがって，統合のフェーズではまず正しい解法について説明を与えた後，自身が生成した解法とどこがどう違うかについて議論させるような活動をデザインします。

この比較に取り組ませるには，教師による適切なファシリテーションが必要になります。たとえば，教師が教科書の正しい説明を与えた後，学び手に自身の解法との違いについて教師が問いを投げかけたり，学び手の説明を全体に共有したり，他の学び手が議論に参加するように促すのが有効です。この時，教師は単に比較させるだけでなく，正しい理解を深めるために重要な点について強調するようなファシリテーションが求められます。

また，前のフェーズと同様，学び手が誤りを恐れずに安心して発言できる雰囲気づくりが重要になってきます。たとえば，自身が教科書の知識とは異なる理解に基づいて生成した解法と正しい解法との比較をクラス全体に共有させたいとしても，学び手が間違えるのは恥ずかしいと感じてしまうような雰囲気であれば意図通りの発言は出てこないでしょう。

■説明に先行する探索的な活動の重要性

本節で紹介した生産的失敗（PF）と前節で紹介した未来の学習のための準備（PFL）に共通するのは，学習目標である知識の説明を与える前に，知識を活用しなくては解決できない問題に取り組ませる点でした。この「まず自分なりにやってみる」プロセスには，知識が活用できる問題解決の文脈の中で学び手の既有知識を活性化させ，学習の目標を意識させることができ，後に与える説明を理解しやすくし，また理解を深めるはたらきがあるのです。「説明→演習」の順序が大半の今日の授業で，主体的な学びを深めるための授業設計への応用と普及が期待されます。

動機づけの授業デザイン

3.1 節では，**動機づけ**の理論について説明しました．本節では，動機づけの理論を活かした授業設計や実践の方法について説明します．前半は，学び手にとって初めて学習する領域に動機づける方法について，もともと動機づけが低い学び手と高い動機づけをもつ学び手に分けて解説します．後半は，**デザイン研究** ☞ 8.2節 による実践と，この実践によって導かれた**デザイン原則**を紹介し，このデザイン原則を授業デザインに活かす重要性と課題について述べます．

■ 初学時における授業デザイン

3.1 節では，学び手をやる気にさせるという動機づけの理論として，**興味**，**内発・外発的動機づけ**，**積極的関与**について述べました．そして，新奇性，挑戦性，意外性，複雑性，不確実性を示しながら，学び手に興味を抱かせることが授業設計に必要な要素であることも説明しました．しかしながら，初めて学ぶ学習領域の場合，学び手の興味や動機づけ，積極的関与が低いこともあると思われます．この場合，新奇性，挑戦性，意外性，複雑性，不確実性を示す授業デザインにすることはもちろんのこと，初めて学ぶ学習領域と学び手がこれまで学習してきた内容がどれだけ関連するかを説明したり，この領域を学ぶ有用性を理解させたりするような授業設計が重要になります．

さらに，学び手が他者と協調しながら学習できるような授業デザインを採用すれば，学び手の積極的関与と学習の質の変容によって，学び手が深く学ぼうとすることが期待できます (Patrick, Ryan, & Kaplan, 2007; Hijzen, Boekaerts, & Vedder, 2007)．

一方，初めて学ぶ学習領域に対して高い興味を抱き，動機づけられている学び手の場合は，その学び手が取り組んでいる内容に積極的関与ができるようにし，かつ，その学習領域に関する思考をより深められるような授業デザインにする必要があります．たとえば，図書室やインターネットを介した調べ学習や，博物館や美術館などの学校外での調査というように，学校内外をつなぐような学習方法を支援する**足場かけ** ☞ 6.6節 が考えられます．これにより，その学び手が問いに対する回答を自分自身で見つけだせるようになると，より高い興味を

抱くことが期待できます。そして，インターネットを用いて，教師や他の学び手と調べた内容を共有したり，意見を交換したりするような，相互の関わりを支援する授業デザインを採用すれば，いっそう動機づけに良い影響を与えます。

以上，新しい学習領域に対する興味の有無によって，どのような授業デザインを採用すればよいかについて説明してきましたが，教師にとって大切なことは，①動機づけと積極的関与の多様性を理解すること，②学び手に多様な成功体験を与えること，学習において必要とされる多様な支援のタイプを把握することがあげられます（ヤーベラ・レニンジャー，2017）。

■ 有望なデザイン原則の適応

学び手の学びを深める仕組みを理解するために，学習科学ではデザイン研究の手法を用いることがあります。デザイン研究について簡単に説明すると，まず，さまざまな理論に基づき，最も学習効果が高まると予想される授業をデザインします。そして，授業を実践し，学び手の学習過程と学習効果を分析しながら，その授業で得られたデザイン原則を導いていきます。このデザイン研究のサイクルを繰り返すことによって，より汎用性の高いデザイン原則が導かれることになります。

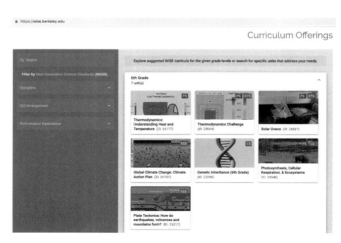

WISE（https://wise.berkeley.edu/）のカリキュラム例

大島・大島（2009）は，汎用性の高い授業設計のための**教授学的デザイン原則**を紹介しています。たとえば，科学教育の領域において，新しい知識がより深い理解へと結びつく知識統合を目指したリンとシー（Linn & Hsi, 2000）の研究が紹介されていますが，この教授学的デザイン原則は，以下の4つがあげられています。

・科学を取りつきやすいものにすること
・考えを見えるようにすること
・お互いから学ぶこと
・科学を一生学び続ける準備をすること

　これらの教授学的デザイン原則を活かす方法の一つとして，情報通信技術（Information and Communication Technology：ICT）が役立ちます。リンら（Linn, Davis, & Bell, 2004）は，WISE（Web-based Inquiry Science Environment）というインターネットを介した学習環境システムを構築し，科学教育に関する学習教材と学習指導案を掲載しています。これを利用しながら，教師は子どもたちに問いを発して学習を促したり，子どもたちはグラフ機能にデータを入力して結果を可視化しながら考えをまとめたりすることができます。
　多くの読者は，これらのデザイン原則は，先に述べた初学者に対する授業デザインの方法をより具体的に示したものであり，科学分野はもちろんのこと，他の分野にも通じるような汎用性の高いデザイン原則であることに気づいたのではないでしょうか。より汎用性の高いデザイン原則を知り，授業デザインに適応していくことは，理論に基づいた授業実践を行うことにつながると同時に，高次の**デザイン原則**を導くことにもつながります。
　一方，わが国の学習において，「学習者の興味関心は，何らかの手段を講じて教師が準備した学習目標へと変換され，それらを追究していくタイプの学習活動デザインが多い」（大島・大島, 2009, p.401）と指摘されています。つまり，学び手の興味関心のあり方は，教師の影響を受けやすいと考えられるため，教師が常に**学習者中心**の授業デザインを心がけ，実践し，評価し続けることが重要になります。

ラーニング・プログレッションズ

■ ラーニング・プログレッションズとは？

ラーニング・プログレッションズとは，適切な教育のもとで概念やスキルがどのように発達しうるかについての，学習科学の各種の研究成果をエビデンスとして構築された仮説的なモデルです（Alonzo & Gotwals, 2012；山口・出口，2011）。構成要素としては，①**カリキュラムのスタート**：教育を受ける前に学び手が獲得している素朴概念や単純で洗練されていないスキル，②**カリキュラムのゴール**：教育内容の背景にある学問領域（たとえば，物理学や生物学）や社会生活（たとえば，知識創造社会）における重要概念や複雑で洗練されたスキル，③**カリキュラムの中間点**：スタートからゴールまでの途中の状態にある概念やスキル，の3つが考えられています。

①の「カリキュラムのスタート」については，1970年代終盤以降における学習科学の基盤となる認知科学や心理学や教育学の研究，さらには学習科学の研究をとおして，学び手が学校での体系的な教育を受ける前から，あるいは，体系的な教育を受けた後においても，学び手は素朴な概念やスキルを獲得していることがわかっています。そこでは，多様な概念や各種のスキルについて，その実態に関する研究成果が蓄積されており，カリキュラムのスタートの設定に活かされています。

②の「カリキュラムのゴール」については，それぞれの学問領域や社会生活には，それらの根幹となる理論的概念が存在することになります。たとえば，学問領域の場合，物理学では原子論・分子論，生物学では進化論です。また，学問領域や社会生活の専門家や熟達者が営んでいる実践には，その実践を進める際に活用されているスキルがあります。専門家や熟達者を対象とした学習科学の研究成果とともに，教育に対する社会的要請を踏まえて，学び手に最終的に獲得させたい概念やスキルがカリキュラムのゴールとして想定されます。

③の「カリキュラムの中間点」については，年齢経過に伴う概念やスキルの変化を縦断的・横断的に探る研究成果とともに，教育環境をデザインする中で概念やスキルの獲得を意図的に促進する研究成果の蓄積がベースとなります。

これらの蓄積の中から，スタートからゴールにかけて連続的に発達する概念やスキルのスナップショットが抽出されます。また，これらのスナップショットの中には，カリキュラムのゴールとして設定されている概念やスキルとは関係がない，もしくは，単に誤っているだけのように見えるけれども，実は，ゴールの概念やスキルに到達するために生産的な役割を果たす状態の概念やスキルがあります。このような複数の中間点がスタートからゴールまでに順番に配列されることによって，個々の概念やスキルの学習順序となっているのです。

■ カリキュラム構成原理としての特徴

　このようなラーニング・プログレッションズのカリキュラム構成原理としての特徴は，次の3つです。第1に，ラーニング・プログレッションズで想定されているカリキュラムは各領域で固有のものです。1970年代以降に進展した発達の領域固有性を強調した研究成果を基盤としていることもあり，領域普遍のカリキュラムというものは想定されていません。複数の概念同士や概念とスキルの関連性は考慮されつつも，カリキュラムのベースとなる発達モデルは個々の概念やスキルごとに独立して想定されているのです。

　第2に，カリキュラムと発達が切り分けられないものと位置づけられています。概念やスキルの発達が，自然発生的な変化，つまり，どのようなカリキュラムであろうとも，そのように発達するものとは想定されていないのです。適切なカリキュラムのもとに，ラーニング・プログレッションズの「カリキュラムの中間点」として想定されている概念やスキルの変化が生じると考えています。ですので，不適切なカリキュラムであれば，ラーニング・プログレッションズとは異なった変化をたどることになります。

　第3に，カリキュラムで想定される学習の順序は，単線型ではなく複線型であると考えられています。カリキュラムのゴールは単一であるとしても，カリキュラムのスタートにおける学び手の概念やスキルは単一ではないのです。また，カリキュラムの中間点も，教育の影響を受けるために単一ではありえません。したがって，個々の概念やスキルの発達段階には複数のバリエーションがありうることになります。

■「現在進行形」のラーニング・プログレッションズ

　海外の教育で注目を集めているラーニング・プログレッションズですが，研究は発展途上であるために，理論的にも実証的にも「現在進行形」の状態です。たとえば，スタートの年齢やゴールの年齢をどのように設定するかというカリキュラムの期間や，スタートからゴールまでにいくつの段階を想定するかというカリキュラムのシークエンスについては，それぞれの研究が探索的に決定している段階であり，ラーニング・プログレッションズ研究としてそれらの知見を整理しつつ，標準的な見解を提案することが今後の課題となるでしょう。

　また，多様な概念や各種のスキルのうち，カリキュラムの中間点を設定するためのエビデンスとなる研究成果が不足しているものも少なくなく，そうした概念やスキルについては，ラーニング・プログレッションズ研究をとおして基礎的な研究成果を蓄積する必要があります。

　さらに，適切なカリキュラムを長期的かつ大規模に実施して，仮説的なモデルとしてのラーニング・プログレッションズの信頼性や妥当性を検証することが求められています。ラーニング・プログレッションズは，学び手の長期にわたる概念やスキルの発達を予測できますが，その予測の妥当性は，実証的な研究をとおして検証される必要があります。

■ 21世紀型スキルに対するラーニング・プログレッションズのアプローチ

　21世紀型スキルを育成するためのカリキュラムのデザインに対して，ラーニング・プログレッションズの考え方からどのようにアプローチできるでしょうか。最終的な到達点は，21世紀型スキルについて，ラーニング・プログレッションズの3つの構成要素，すなわち，カリキュラムのスタート，カリキュラムのゴール，カリキュラムの中間点をそれぞれ解明することですが，まず初めに着手すべきは，カリキュラムのスタートとゴールを設定することでしょう。

　21世紀型スキルのためのカリキュラムのスタートとゴールの候補は，スカーダマリアら（2014）の『21世紀型スキル（*Assessment and teaching of 21st century skills*）』の中に見いだすことができます。スカーダマリアら（2014）は，21世紀のニーズに応える教育は，学び手たちを**真正な知識創造に取り組ませ**

ることにあるという立場から，学習科学の成果を応用して，知識創造組織 ☞ 4.8 節 の特徴を踏まえた 21 世紀型スキルを同定しています。それとともに，知識創造に携わったことのない学び手たちに期待される初歩レベルと，知識創造組織の専門家や熟達者に期待される高いレベルというように，21 世紀型スキルの発達のスタートとゴールを提案しています。

たとえば，「創造性とイノベーション」という 21 世紀型スキルについては，発達のスタートとなる初歩レベルは「与えられた情報を自分のものにする。他の誰かが正解や事実を知っているという信念をもっていたり，それをもとに行動する」とされています。これに対して，発達のゴールとなる高いレベルは「未解決の問題に取り組むこと。理論やモデルをつくったり，リスクを覚悟して取り組む。有望なアイディアやプランを追究していく」となっています。また，「コラボレーション・チームワーク」というスキルについては，初歩レベルは「小グループによる活動ができる。最終成果を作成する上で一人ひとりが責任を分担する。最終成果は分担したものを合わせただけのもので，それを超えるものではない」です。一方，高いレベルは「協調や競争によって共有された知性によって，既存の知識を発展させる。個々人が生産的に相互作用し，ネットワーク化された ICT を使って活動する。コミュニティの知識が発展することが，個人の成功よりも価値があると考え，個人それぞれが貢献できる」(スカーダマリアら，2014, p.101) となっています。このような発達のスタートとゴールを参考にすれば，カリキュラムのスタートとゴールを設定することができるでしょう。

ただし，カリキュラムの中間点については，いまのところ候補が見当たりません。したがって，私たち自身でこれから新しくつくり出していかなければならないのです。学習科学の研究成果を参照しながら，暫定的な仮説として中間点を設定したうえで，「学習目標から後戻りする」アプローチと「前向き／創発的」アプローチを併用して，そのカリキュラムの実施・評価・改善を繰り返すことから始めることが必要です。そうして，21 世紀型スキルの育成を目指す人々のコミュニティの中で，21 世紀型スキルの育成を実現できるカリキュラムについての知見を共有したうえで，それらを協調的かつ漸進的に改善するのです。このような取り組みを積み重ねることで，私たちは，21 世紀型スキルの育成を現実のものとして手にすることができるに違いありません。

マルチメディア学習

■ マルチメディア学習とは？

　マルチメディアとは，文字，音声，画像，動画など，それぞれが独立して存在しているメディアを1つにまとめる技術のことを意味します。コンピュータの発展により，これらのメディアを統合させることが容易になってきました。マルチメディアを教育に応用することによって，さまざまなレベルでの情報を提供できることから，学び手が理解しやすくなり，ひいては学習効果が高まることがわかっています (西森, 2010)。実際，学び手にとって，口頭のみで説明されるよりも，口頭と文字，あるいは，口頭と文字と画像を組み合わせながら説明されるほうがわかりやすいことは，経験的に理解できると思います。このことから，教師が学び手に説明するために文字，音声，画像，動画などを組み合わせたマルチメディアを活用したり，学び手が学ぶためにデジタル教材を活用したりすることは，日常的な学習のあり方として普及しています。

　しかしながら，マルチメディアを応用し，効果的な学習を支援するためには，人間がものごとを理解する仕組み（認知的活動）を理解し，うまくデザインすることが重要です。たとえば，単にコンピュータの前に座って，多肢選択問題の解答をクリックしていくような学習活動では，クリックするという物理的な活動はなされているものの，提示された内容を理解しようとする認知的活動がなされないため，学習効果が乏しくなってしまいます。一方，テキストとナレーションがついたマルチメディア教材で解答をしていくような学習活動ですと，提示されたテキストの内容を理解しようという認知的活動がはたらき，高い学習効果が得られます (Mayer, 2001)。

　マルチメディア学習は，学習を継続的なものにするために，**動機づけ**の理論を応用させることもまた重要です。学び手が学習に対する興味を抱く要因として，新奇性，挑戦性，意外性，複雑性，不確実性が指摘されています。これらの要因がうまく埋め込まれたマルチメディア教材を活用し，学習に適応することが学習の継続性につながります。たとえば，池尻 (2011) が開発した歴史の因果関係を現代に応用する力を育成するカードゲーム教材は，歴史の学習に

カードを用いるという新奇性，他者と競い合うという挑戦性，多様な考え方を共有する意外性やさまざまな組み合わせが考えられる複雑性，解答が必ずしも1つではない不確実性の要素が含まれており，さまざまな学び手に対して，学習効果が期待できるような教材となっています。

● ビデオゲーム

　ビデオゲームは，さまざまな人が熱中するものとして知られており，動機づけに影響を与えています。昨今では，ビデオゲームはマルチメディアの代表的なものであることから，エンターテインメントのみならず，教育に活用して学習を促進させるべきとの主張がなされています（Mayer, 2014）。そこで，学習科学の分野において，学習効果が期待できる学習教材として注目されています（スタインクーラー・スクワイア, 2016）。学習に応用したビデオゲームは，数学，健康，歴史，科学，言語などさまざまな領域で開発されています。たとえば，ゲームで用いられている文章が高レベルであっても，読解力が低い生徒が，読解力が高い生徒と同レベルの理解を示すことが明らかになっています（Steinkuehler, 2012）。一方，商用ベースのビデオゲームであっても，教育現場で求められている思考や学習形式を支援したり，学び手のビデオゲームの取り組み状況をログとして保存，解析し，次の学習効果につながるようなフィードバックを提供したりするなど，ビデオゲームを教育利用や学習評価に用いることが研究されています。

● モバイルラーニング

　タブレット型コンピュータやスマートフォンを活用し，いつでもどこでも学習できるモバイルラーニングが普及してきました。そして，個人が所有するスマートフォンやタブレットなどのモバイル端末を家庭や学校で活用するBYOD（bring your own device）が，大学や高等学校を中心に広がっています。これにより，モバイル端末にインストールされたマルチメディア教材をあらゆる場所に持参し，活用することができるようになりました。好きなときに好きな場所で自由に学べる学習形態は，コンピュータに支援された協調学習（Computer-Supported Collaborative Learning：CSCL）の知見を背景にしな

がら,学校や家庭,博物館などをシームレスにつなぎ,学校と学校外で学ぶ意義や学習そのもののあり方を変化させています。たとえば,Personal Inquiry プロジェクトでは「健康的な食事」「食物の腐敗と廃棄」などのテーマについて,学校外での調査結果を個々のモバイル端末に保存し,学校で調査結果を共有する活動を行いました。この結果,より高い学習成果が表れたことが報告されています(シャープラス・ピー,2016)。

● **バーチャルワールド**

バーチャルワールドとは,ネットワークを介した多人数参加型ゲームなどで知られているオンライン共同体のことを意味します。仮想空間の中に没入して,アバターと呼ばれる仮想の自分と他者とが協同しながら課題を解決し,学びを深めていくことができます。没入型と他者との協同などという観点から,動機づけに影響を与えます。バーチャルワールドはコンピュータの技術を駆使したマルチメディア教材といえるでしょう。

バーチャルワールドの事例として,学習科学ハンドブック第2版(カファイ・ディーディ,2016)では,Quest Atlantis, River City, EcoMUVE, Whyville があげられています。Quest Atlantis は,11 歳の子どもが水質問題について解決していく教材です。River City は,生物学と疫学に関する内容を活用しながら,生徒らが協同的に観察と推測を行いながら都市のシミュレーションを行っていく教材です。EcoMUVE は,中学生を対象に生態系の科学概念や科学的探究について学習させるための教材です。Whyville は,地上にあるターゲットを目指して,燃料や温風の量を調整し,かつ,風向きなどの気象情報を考慮しながら熱気球を操作し,安全に着陸させるゲームです。

マルチメディア学習は,情報技術の進展により,従来の教室内のみでの学びを教室外での学びと結びつけながら学習する機会を可能にしたり,これまで体験できなかった学びを擬似的に体験したりすることを,協同的に学ぶ環境を可能にしています。今後は,マルチメディアに蓄積された膨大な学習記録データを分析し,より学習が促進されるようなフィードバックや評価のあり方について明らかになることが期待できます。

複雑系

◼ 複雑系とは？

複雑系は実は身の回りで頻繁に目にする光景です。典型的なものの一つに「流行」というものがあります。ファッション，言葉，ひいては病気まで，すべては人と人のやりとりをとおして伝播していきます。どこかで，誰かの手によって新しいものが生まれます。それはまたたく間に多くの人が知るものとなります。しかし，それらはピークをすぎるとやがて「流行らなく」なっていきます。こうした流行のサイクルも複雑系の一つです。どれくらい流行るのか，いつピークはくるのか，その長さはどれくらいなのか，こうした疑問を解決することはいろいろな意味で大事です。冬になるとインフルエンザが流行します。この流行も複雑系ですが，専門家はさまざまな計算モデルを駆使して，「いつ頃流行のピークを迎えるのか」「どの地域で爆発的に流行りそうか」など，これまでの流行モデルを念頭に予想することで，私たちはその脅威に対処することができるのです。

◼ 複雑系の学びとその難しさ

複雑系を教えるのは難しいことがわかっています。もっと一般的に言えば，私たち人間が複雑系を理解するということを苦手としていると言ってもいいかもしれません。その原因として，次のようなことがわかっています (Wilensky & Jacobson, 2014)。

1. **複雑系は階層性のある組織ではありませんが**，人間の多くは，ものごとが整理されているように見える集団行動（たとえば，鳥の群れ）が，誰か（何か）を中心にできあがっているという考え方をもつ傾向があります。鳥の群れは，一羽一羽がただぶつからないように飛ぶというルールをもっていれば，その中のどれか一羽が他の鳥に指示をしなくても成り立ってしまうものなのです。

2. **複雑系では，何か現象が観察できるとき，私たちが通常考えるように，その原因は一つではなく，すぐ前に起きたことでもありません**。有名な現象の一つに「バタフライ効果」と呼ばれるものがあります。気象学者のエドワード・ローレンツが複雑系の因果関係の解明の難しさを例えるために「ブ

ラジルの1匹の蝶の羽ばたきはテキサスで竜巻を引き起こすか？」という講演をしたことがきっかけだといわれていますが，自然現象（たとえば気候の変動など）の解明は，壮大な複雑系を取り扱っているということがおわかりいただけるかと思います。

3. そして，複雑系を理解することをさらに困難にしている原因は，**現象は常に起こるわけではなく，確率的だということ**です。さまざまな因果関係が結びついていると仮定したとき，それぞれの因果関係が成り立つのは必ずしも100%ではないというのです。ですので，同じような原因が揃っているように見えても，こちらが予想する結果とは異なるものが見えてくることもあります。さすがに，多様な原因と結果が入り混じったうえに，それがある確率でしか起こらないとなると，人間の一般的な能力をもってそれを十分に理解しようとするのは難しいでしょう。

◼ 複雑系をどのように教えていけばいいのか

複雑系を理解するためには，どうもこれまでの教科書では難しいのは，おわかりいただけたのではないでしょうか？　日本の学校教育にはこれからプログラミングも導入されますが，理科学習，あるいは科学教育でもそれに準ずる教材の導入が可能です。その一つが**シミュレーション**です。コンピュータの画面上で「鳥の群れ」や「交通渋滞」といった私たちの身近にある複雑系を再現（シミュレート）することで，一羽一羽の鳥や一台一台の車がどのようなルールで動いているのかを理解することができます。すなわち「一つひとつは単純なルールで動いていても，それがたくさんあると別の動きや行為のように見える」という複雑系の基礎的理解を獲得していくことができます。

代表的なシミュレーション教材にウィレンスキーの研究グループが開発したNetLogoがあります（https://ccl.northwestern.edu/netlogo/）。NetLogoでは，さまざまな複雑系を学び手がシミュレーションをとおして学習するための教材（モデル）が数多く準備されています。たとえば，その中の気候変動のシミュレーションでは，温室効果ガスを雲の量（「add cloud」「remove cloud」をクリック）や，大気中の二酸化炭素量（「add CO2」「remove CO2」をクリック）を操作して，地球の気温の変化をグラフで見ることができます（図）。地球温暖

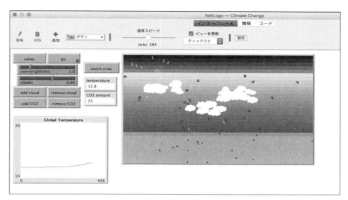

図　NetLogo の気候変動のシミュレーション

化の原因だと思われている二酸化炭素による温室効果が，その大気中での量や天気（雲の量で操作）でどのように変化するのかを繰り返し実験することで調べることができるのです。気温の上昇は必ずしも直線的ではありません。複雑系ですので時間の経過とともにある時点で急激に伸びることがわかります。大気中の二酸化炭素量によって，そのピークがどのように変わるのか，過去の地球，現在の地球，未来の地球を想定して実験をしてみることもできますし，気候の違う地域によってそれを調べてみることもできます。

　さらに，学び手一人ひとりが複雑系の構成要素となってロールプレイをしながら，それぞれの行動がどのように複雑系をつくり上げていくかを学習する**参加型シミュレーション**という教授法も開発されています。古い例では，モバイル機器を学び手に持たせて，ウィルスの伝播を自分たちがウィルスの保持者と出会うことによって感染していく様子を体験していくというものがありました。教室の中の誰かがウィルス保持者で，最初は少人数なのですが，各児童・生徒が誰かと自分のモバイル機器でコミュニケーションをとることによって，ウィルスに感染していく人が急激に増えていくのです。また，一度感染しても治癒すると，その人は免疫をもっていますから二度は感染しません。このように流行は少ない感染者から即座に広まり，そして徐々に収束していくことがわかります。子どもたち自身が参加者（感染の当事者）となって活動し，モバイル機器に収集されたデータを後々（あるいはその活動の途中で）観察評価する

ことで，誰が早く感染し，そして治っていくのか，その人はその後どうなるのかといった子どもたちの理解を深めます。こうした参加型シミュレーションが考案された背景には，前述したような画面上のシミュレーションだけでは理解の難しいより低学年の子どもたちに対して，複雑系を適切に理解してもらおうとする試みが発端となっています。

■ 日本の教育で問われることのない「複雑系」という考え方

　米国の次世代科学カリキュラムである Next Generation Science Standards（NGSS）では，学習内容に複雑系が盛り込まれました。「システムとシステム・モデル」「エネルギーと物質：変化，サイクル，保存」「安定性と変化」などです。策定者がこうしたトピックを横断型と呼んでいるように，これらは1つの単元でまかなえる理解ではありません。すなわち，NGSSでは科学という領域をより横断的に学び手に理解してもらうことをねらい，かつ横断的な理解の背景に複雑系という考え方をおいているのです。

　さらに，複雑系は教育システムの革新性で有名なフィンランドにおいて，さらに強い動きとして教育政策の中に取り込まれます。16歳以降の教育課程から「科目」というものを全廃するのです。これは2020年までに完全実施されます。すべての教科がなくなり，現実的，社会的な問題を解決するために必要な知識・理解をそのテーマごとに学習していくことになります。教師も自分たちのそれまでの教科に関する知識だけでは対応できませんので，新しく学習が必要なこともさることながら，教科横断的な教師チームで学び手の学習の支援に当たることになります。複雑系を学び手の学習に取り組む努力が米国では科学教育で行われるわけですが，フィンランドの例はさらにその先を行き，すべての教科において複雑な事象を学習教材として取り扱う画期的な変革だと考えられています。

　もちろん，これがどれほどうまくいくのかについて，懐疑的な人もいるでしょう。しかし，時代は大きく変化しています。それに対応することに遅れが生じると次世代の社会人となる学び手の世界的競争力に陰りが見えるかもしれません。今のところ，日本ではこうした動きは顕著ではありませんが，本書をお読みいただくような向学心の強い読者の方々には知っておいていただきことですし，ぜひお考えいただきたいポイントです。

知識構築

▣ 知識構築とは？

　知識を構築する活動は，これまで限られた有能な人間の仕事だと思われてきました。科学者がよい例で，誰もが科学的論文を書いて新しいことを発見できるわけではありませんし，誰もがノーベル賞を取れるわけでもありません。こうした知識を構築する（「創造する」ともいいます）ためには，それなりの知識や理解が必要で大学卒業後，さらに勉強して学者にならないかぎり無理だと多くの人は考えています。しかしながら，本当にそうでしょうか？　学習科学研究は，こうした疑問に対して「いいえ，子どもたちにも知識を構築することはできます。そして知識を構築することを学ぶのは，さまざまな教科で学ぶ知識や理解と同じくらい（あるいはそれ以上に）重要です」と回答します。

　私たちが生きている 21 世紀は**知識社会**だといわれています。これまでどおり本来のものづくりも大事ですが，さらにアイデアと呼ばれる知識を目的に合わせて合成したものが商品価値をもちます。金融商品（デリバティブ）と呼ばれるものは，資金の運用の仕方，すなわちアイデアです。アイデアというものは，それまでのものよりも優れている必要がありますし，教えられて学ぶものではありません。それぞれがデザインしていくものなのです。現代の知識社会では，個々の人々がこれまで以上に新しいアイデアをつくる活動で経済を成立させています。また，そうした活動は，他の仲間とのコラボレーションをとおして行われるのが通常です。アイデアを生み続ける組織を**知識創造組織**と呼びますが (野中・竹内, 1996)，これからの社会人はこの知識創造組織において「役に立つ」能力を習得する必要があるのです。

　知識構築という学びを実践するには，それがどのようなものなのかを理解しておく必要があります。ここでは，知識構築の特徴を 2 つにまとめて述べておきましょう。

● 自分の所属する共同体の知識向上が主目的

　「学び」といえば，それは個人の中で起こるものだと考えられてきました。

そして,その成果はテストで確かめられます。高度な専門的知識や技術を必要とする医者や弁護士という職業人でも,その専門性を問うテストがあり,それにパスするかどうかがその人が医者としてあるいは弁護士として認められるかどうかを決定します。

では,**共同体の知識**とは何でしょう? 共同体とは,同じ目標を共有して,そこにいたるまでの問題を解決するために個々人が努力したり協力したりして,解決策としてアイデアを考案,改善していく集団のことをいいます。典型的な例が科学者共同体です。分子生物学を専門とする科学者の共同体とは,権威ある分子生物学に関連する学会に所属し,そこでさまざまな問題や疑問に対する解答を得るために,アイデアを論文として公表し,議論しながら改善していきます。こうしたアイデアの向上の過程の中で,さまざまな知識が構築されていくのです。科学者はそれぞれ有能ですが,「では,彼らが分子生物学の最新の知見をまったく同じように(テストに答えるように)理解しているか?」と問われると答えは「NO」です。一つの発見が達成されるまでには,さまざまな専門性の異なる人々が協力して「とても一人では思いもつかない(そして実行することができない)アイデアを実験や調査をとおして明らかにする」のです。ですので,ある論文にその著者が5名いても,すべての人がその論文の内容を同じように理解しているわけではありません。それでも,それぞれがその研究者集団(ひいては学会全体)の知識発展に寄与しているのです。共同体の知識とはこうした知識やアイデアのことをいいます。知識創造組織で起こっている知識の発展が,このように共同体の知識の向上が主目的だとすると,そこで活躍できる人材となるためには「個人で何かをよく知っている」だけでなく,「他の人と協力して自分なりの貢献をしつつチームの理解やアイデアを向上させる」ことに参加できるようにならなければなりません (Paavola, Lipponenn, & Hakkarainen, 2004)。こうした能力を習得させようというのが,知識構築としての学びです。

● **信念モードではなく,デザインモードの学び**

知識構築の学びでは,「学びの終わり」がありません。学習の目標は常にアイデアを向上させ続けることです。たとえば,プロのオーケストラの演

奏を考えてみましょう。そこでタクトを振る指揮者は，自分なりの楽曲の解釈（アイデア）を楽団のメンバーと共有します。そして，自分たちの共同体としての理想の演奏へとアイデアを高める努力を怠りません。楽団は決して「力を出し切った」とは考えないでしょう。確かに「今回の演奏会は素晴らしかった。でも，さらにここは良くすることができそうだ」と考えます。

　これに対して一般の学校での学習はどうでしょう？　学び手は，教師が答えを知っていると理解しています。そして，教師の期待する答えに近づくことを目指しているのです。また，単元という単位で学習は一応の終わりを迎えます。それまでに理解しなくてはいけないことを，できるだけ余計なことを考えずにしっかりと学習する。そうした学び手が，いわゆる「勉強のできる人」というイメージをもたれます。この**信念モードの学び**（誰かが正しいことを教えてくれるという考え方）は，知識創造組織で役に立たないとはいいませんが，重要な部分ではありません。知っていることが重要なのではなく，「創る」ことが重要とされるのです。教えられるだけでなく，教えられたことを利用してアイデアをつくり続ける活動の中で，自然と私たちは新しい知識を習得していきます。

▪︎知識構築の学びを実現するには

　では，これまで述べてきた知識構築としての学びを実際の学習場面で実現するにはどうしたらよいのでしょう。

●共同体の知識を共有し改善できる空間をデザインする

　共同体の知識は，個人の中には存在しません。少なくとも，彼らが自分たちのアイデアを誰かに話して，それが認められ，みんなでよりよくしていこうと思える（そしてそれが可能である）場所（空間）を設定する必要があります。たとえば，優れたチームは，自分たちのアイデアをすぐに他のメンバーと共有し，さらによいアイデアへと結びつけられるように，ホワイトボードやその他の共有スペースを巧みに利用します。思いついたことを付箋紙でそこに貼り出し，関連するアイデアの付箋紙の間に線を引いたりまとめなおしたりしながら，共同体（チーム）としての知識共有と吟味を展開するのです。

●アイデアを中心としたデザインモードの学習のための問いを立てる

　自分の思ったことを書き出せる共有空間は設定したけれども，グループやその他の集団でアイデアを向上させる活動は起こらないこともよくあります。物理的に場所を準備するだけでなく，さらにそこをどのように使ったらよいのかの教師側の支援も必要です。その中核になるのが，何を学ぶのかという教師からの学びのための問いかけ方です。学び手が「先生が知っている答えを自分たちは見つけるんだ」と思ってしまうと，どこかにある答えを探してしまいます。この世の中ですから，「ネットで答えを見つけた」と発表してくる学び手も少なくはないでしょう。しかし，これはそこにある答えを単に検索して見つけただけで，それを深く理解しようとすることは信念モードの学びでしかありません。

　本当に彼らにアイデアを出してほしいのであれば，多様な切り口が考えられる「答えが必ずしも一つに定まらない（もしくは解法が複数存在する）」課題をとおして，彼らにまずアイデアを出させることが有効でしょう。そして，共同体でそれぞれが提案したアイデアの良し悪しを検討させ，どれについて最初に考えてみるかを自分たちで決めさせることが重要です。こうした**メタ認知**的な活動と呼ばれる学習が，これまで教師の側にすべて任せきりで，学び手自身が取りかかったことがなかった**デザインモードの学び**の側面なのです。

　現在，学習科学では，デザインモードの学びを実現するために教室やそれ以外の学習環境で利用可能なシステムの開発が急ピッチで進んでいます(Scardamalia & Bereiter, 2014)。そうしたシステム自体の紹介はここではしませんが，それぞれが自分の置かれた空間の中で，自分が対峙する学び手のために「今あるものでできること」は数多く存在しています。ここで述べたような原則で授業の設計を修正すれば，間違いなく学び手たちが知識構築の学びを体験し，そこから知識をつくることを楽しみ，学ぶことができる機会を増やすことができます。

Chapter 5

第5章
学びを深めるための対話を授業に取り入れる

議 論

　議論は，学びを深めるための対話の代表的な方法です。しかし，何も手助けなく話し合いをすれば，短い授業時間の中で深い学びを導くことはできません。これは大人であっても同様です。効果的に議論を行い，深い学びに導くには，いくつか知っておくべきことがあります（山口・望月，2016）。本節ではこのことを簡単に説明します。

■ 議論とは？　議論はなぜ学びにとってよいのか？

　議論に対応する英単語の言葉としては，ディスカッションとアーギュメントがあります。ディスカッションは一般的に目的や対象のある話し合いを意味します。「さあ，グループになって話し合いましょう」ですと議論ではなく雑談になるかもしれません。ディスカッションは，「○○について話し合いましょう」と特定の目的をもって始めるものです。一方，アーギュメントはどちらかというと相手を説得するためにがんばるといったディベートの意味合いを感じるかもしれませんが，特に学習の場においては少し異なります。攻撃するのでも対立するのでもなく，きちんと根拠や理由を述べながら，問題を解決したり，よりよい合意点を見いだしたりする，ある意味で，より"真剣"な議論を意味します。本節では，アーギュメントのタイプの議論に焦点を当てましょう。

　学びを深めるアーギュメントには，**協調的議論**と呼ばれるやり方がよいと考えられています。協調的議論は，科学者ないしは研究者が集う学会，企業におけるプロジェクトの中でもよくみられます。協調的議論では，感情的になったり攻撃的・対立的になったり，単に自分の意見を述べたり，という話し合いはしません。お互いに証拠や理由をあげながら，ある意見がいかに正しいか，あるいはいかに間違っているか，場合によっては2つの意見をどう組み合わせればよいか，などを説明し合い，それらに耳を傾けて考えます。

　学習場面で協調的議論をするとよいのはなぜでしょうか？　まず，学習対象に対する**動機づけ**が高まります（Chinn, Anderson, & Waggoner, 2001; Rogat, Linnenbrink-Garcia, DiDonato, 2013）。学び手は，単に教えられているだけ，指示されて発言す

るだけではなく，自分で発言する内容を自由に決めることができるので，学び手の自己決定性が高まり ☞ 3.1, 3.3節，自分でやろうとする気持ちを駆り立てます。また，他の学び手との関わり合いが生じる中で，他の学び手が自分の意見とは異なる意見をもっていることを知ると，どちらの意見がより正しいのか，もっと他の見方はないのかを自然と探究したくなります。

第2に，その自分の説明が正しいということを相手に納得してもらうための証拠や理由を探したり ☞ 2.1, 2.2節，他の学び手の説明を聞く中で，自分一人で説明を考えているときは気づかなかったことを学んだりすることで，**推論**が促され，**学習内容に対する理解**が深まります。これは，異なる意見をもつテーマで学び手が互いに意見の調整と理解をとおして学んでいく場合（**批判的議論**）でも，知らないことを一緒に学ぼうとする場合（**説明的探究**）でも効果があります。

第3に，**汎用的に使える議論能力の獲得**が促されます。議論することをとおして，議論というものが意見や証拠や理由という要素から構成されており，意見の正しさを説明するためには証拠や理由を組み合わせることが必要だということを理解し，それを実践していくことになるからです。また，この過程で，よりよい議論とそうでない議論は何かを評価する力や，知識や知ることとはいったい何かという考え（**認識的認知** ☞ 第7章 Column）が成長していくといわれています（Kuhn, 1991）。

第4に，**学習内容に関連した議論能力の獲得**が促されます。一般的に，よい議論を成り立たせるには，信頼できる証拠や，合理的な理由，予想される反論を踏まえた反駁（論じ返すこと）が大切です。しかし，学びのための議論では，さらにそれぞれの学問分野の知識が必要になります。たとえば，よい証拠かどうかを判断するには，学習内容に関する知識が必要になることがあります。保健体育や家庭科の議論で「低炭水化物ダイエットで10kg体重が減った」という証拠が示されたとしましょう。それは本当に「痩せた」ことを示す証拠としてよいのでしょうか。体脂肪率やBMIなどの指標がありますね。他の指標はどうでしょうか。そうしたことを探る中で，体重減少のメカニズムや，栄養学の知識も必要になるかもしれません。このようにして，その分野の議論で使えるさまざまな内容知識を学べます。また理科や数学（統計学）の関連内容であ

れば，標本の大きさや条件統制などの科学一般で使える知識を使って，説明や推論，反論することが必要になります（Chinn, 2006）。このようにして学習内容に関連した議論能力の獲得が促されます（Sandoval & Millwood, 2005）。

　第5に，協調的議論をとおして，グループメンバーが学ぶ対象の理解を深めるとともに，新しいアイデアをつくり出したり，アイデアをよりよいものに改善したりする**知識構築** ☞ 4.8節 のやり方を学べます。議論では，自分の見方を正当化して意見を説明するだけでなく，質問や反論を受けることをとおして，他の人の見方や考え方を認識し，それをもとに自分の考え方を再考する必要があります。そして，自分なりの答えを用意して再びチームに改善したアイデアを出して貢献します。こうしたステップは知識構築を実践するうえでも大切です（Leitão, 2000）。

◼ よい議論ができるようにするにはどうしたらよいか？

　誰でもすぐ完璧に協調的議論をすることはできません。学校の授業を含むさまざまな場面で実践することをとおして，そのやり方を学ぶ必要があります。ここでは，そこで知っておくべきことや支援するべきことをいくつかあげてみます。

●議論の構成要素や立論の仕方を知る

　議論では単に意見（賛成や反対の意思表示を含む）を述べるだけではなく，その理由や根拠を提示することが，建設的な議論を行ううえで必要です。効果的に議論を行う枠組みとして，このことを指摘した**トゥールミン・モデル**（Toulmin, 1958）は有名です（図）。トゥールミンは，日常的な場面であっても，議論が成り立つときには**主張**（自分の立場や結論。例：喫煙はやめるべきだ）とそれを支える**データ**（事実や他者の意見。例：喫煙はがんの発症に影響することを示す疫学のデータがある）や**論拠**（データが主張を適切に支援する理由づけ。例：健康を害するようなことは行わないほうがよいから）があって，さらにその主張に対する**反論**（例：喫煙の自由がある）や**反駁**（例：受動喫煙させてよいわけではない），**限定子**（主張がどの程度の確かさで成り立つのか。例：病気にならない人もいるが，リスクは非喫煙者に比べて数倍も高い）を検討し

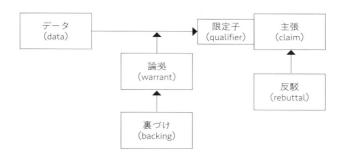

図　トゥールミン・モデル

ていることを見いだしています。このような図の枠組みは議論の中でさまざまな主張を整理するのに有効ですが，実際に適用するときにやや難しいこともあります (Leitão, 2001)。その場合，学び手が取り組みやすいように，反駁や限定子などを最初は考えない簡略版を使うのもよい手段です (Stegmann, Weinberger, & Fischer, 2007)。また議論でなくとも，一人で作文をする際にこの枠組みを意識して練習しておくと，協調的議論にも使える汎用的知識が身につきます。

● **議論の進め方を知る**

多くの学び手は議論をどのように進めれば生産的に行えるかを知りません。そこで，どのような順番で何を議論すればよいのか手順をある程度示すことは，議論を有効にするうえで重要です。大人が行う会議でも議題や発言の順番，役割をあらかじめ示すことはよく行われていますね。

学習場面では，議論の構成要素をもとに「まず意見を出す→反論を考えて示す→それに応答する」といった**手順**を示して議論の進め方をガイドしたり，意見や反論の出し方を示して手助けをしたりします (Stegmann et al., 2007)。意見をあらかじめ一人ひとりが書き出す時間を設けるのも効果的です。また，司会や提案者，質問者，要約者といった**役割**を設定して議論を始め，それぞれの役割が意見や根拠の説明，反論，要約をする必要がある状況下に置くと，議論をとおした推論が促され，学習内容に関する理解が深まり，かつ議論の仕方も学べます (Mercer, Wegerif, & Dawes, 1999; 西森ら, 2001)。このように手順や役割を示して

ガイドする方法は**スクリプト**と呼ばれます☞3.4節。

また，議論の際にメンバー間の距離にばらつきがあると，身体的に議論に関わりにくく，**主体性**☞3.3節を発揮しにくくなることがあります。なんとなく学び手が丸く座るのではなく，メンバー間がなるべく等距離になるように促したり（Hayashi et al., 2018），互いに参加度合いを観察して発言を促したりすることが効果的です。

● **議論の論点を可視化する**

議論に慣れていない学び手は，時間がたつと，何が論点なのか，議論の進捗がよくわからなくなることがあります。議論が発散的になりすぎると，結論を導き出せない議論になってしまいます。そこで，ホワイトボードや付箋などで議論の重要な内容を可視化し，共有することは，議論を焦点化にするうえで効果的です。また，時間をあけて継続して議論をするときに，議事録を使って前回の振り返りを促せば，以前に行った議論を踏まえて進められます。

このようなさまざまな議論の支援は，コンピュータに支援された協調学習（Computer-Supported Collaborative Learning：CSCL）の分野でも研究が行われ，ソフトウェアやWebアプリがつくられてきています。

日本の学校では調和を重んじるために，これまで議論を授業に取り入れない傾向がありますが（Muller Mirza et al., 2009），諸外国では知識創造型人材を育むために，議論の教育にとても注力しています。学びの場面にどんどん取り入れていきたいですね。

分散認知と分業

　私たちは他者と協力し合って何かを成し遂げようとするとき，やるべきことを大なり小なり分担（**分業**）しています。また，いろいろな道具を使ったり，相手と出来具合を調整しながら，お互いに助け合ったり教え合ったりしています。

　こうした日常の協調と同じように考えて，協調学習の活動や学習環境をデザインすることはとても大切です。どのようにしてうまく協調を実現できるのかを日常的な協調に照らして考え，その原則を知ることで，効果的な協調学習環境をデザイン・実践できるからです。

■ 分業をとおした分散認知システムと学びの機会

　文化人類学者のハッチンスは，艦船の航海に必要な船の"位置決め"の活動がどのように協調的に達成されているのかを明らかにして，日常の協調に必要な要件を見いだそうとしています（Hutchins, 1990）。大型艦船では，方位測定係，方位測時記録係，作図係，甲板日誌記録係などのさまざまな航海士が仕事をしています。まず，作図係は以前の船の位置の記録や日誌記録係の情報をもとに，この後の船の位置を予測します。その後，方位測時記録係が隣にいる作図係と相談して，次の位置決めによい目標物を選び，右舷と左舷にいる方位測定係に伝えます。方位測定係は目測で目標物の方位を望遠装置で測定し，それを方位測時記録係に電話で伝えます。そして位置決めの時間になると，方位測時記録係は「マーク」といい，方位測定係は目標物の方位を観測して報告します。その方位と時刻を方位測時記録係が方位日誌に記録します。作図係は，方位日誌か方位測時記録係から方位データを得て，海図に位置決め線を引きます。こうして現在位置が確認されます。このように，航海士一人ひとりが主体的に，電話や方位日誌，海図といった道具などを使って協調しながら，艦船の位置決めという全体的な活動を達成する**分散認知**というはたらきがあることを，ハッチスンは見いだしました。また，たとえば方位測定係が目標物を見つけられないような問題が起こった場合には，方位測時記録係が直接右舷に出て行ってどれ

が目標物かを教えてあげる，といった柔軟な**共調整**（または相互調整とも呼ばれる） ☞ 3.4節 が頻繁に生じることで，分散認知が支えられることもわかりました。このように，分業を柔軟に**越境**できれば，教えるほうは**自己説明** ☞ 2.2節 をとおして深く学習でき，学ぶほうは**足場かけ** ☞ 6.6節 の機会となり，その後に使える知識・能力を習得できるので，結果的に一人ひとりにとって豊かな学習機会になります（図）。しかし，優秀な学び手が「一人でやったほうが効率的だ」と思って，固定化した分業になると，このような調整が行われず，学習機会を失うことになります。

◼ どのような分業が分散認知システムをはたらかせるうえで必要なのか？

学び手がそのような分業を社会的に調整することは難しいこともわかっています(Barron, 2003)。協調学習は，学習内容に関する認知的な問題解決だけでなく，グループの社会的関係の**調整** ☞ 3.4節, 6.4節 にも取り組む必要がある「二重構造課題」だからです。協調学習を円滑に進めるには，①個々の学び手がもつグループに参加する方略と，自分自身の学習過程に能動的に関与する自己調整スキルをはたらかせること，②個々の自己調整スキルを引き出すようにメンバー間でサポートを提供すること（共調整），③非言語を含め，協調するための方略（たとえば，**共同注視**など）を使用し，それらの方略を使用しているかどうかをメンバー間でお互いにわかるようにしつつ，グループ全体を調整できることが大切です。

こうした知見をもとに，学習科学の分野では，協調の社会的側面に焦点を当てて，さまざまな研究が進められています。まだ解明されていないことは多々ありますが，次のようなことが効果的な学習環境に大切と考えられています(Miyake & Kirschner, 2014; 望月・加藤，2017)。

● メンバーが目標を共有し，メンバーを横断して責任を分散すること

メンバーがそれぞれ学ぼうとすることは何か，目標は何かを共有することはもちろんのこと，**学びの共同体** ☞ 2.5節 としてメンバー一人ひとりが知識を理解し発展させる責任（**集団的認知責任** ☞ 第3章 Column）をもつことが重要です。学

び手一人ひとりを信頼したいのはやまやまなのですが，人間の社会的性質として，多数の人間が集まると自然と手を抜いてしまう現象（**社会的手抜き**）が生じます (Latané, Williams, & Harkins, 1979)。分業は，一人ひとりの学び手が責任をもつための一つの有効な手段です。

● **知識や能力が重複するようにすること**

協調学習場面での分業で気をつけたいのは，互いが取り扱う知識や技能について多かれ少なかれ知っている状態をつくり，何か困ったときに互いに助け合えるようにすることです。互いに何も知らないと助けようもありません。しかし，全員が同じ程度知っている状況をつくる必要もありません。比較的経験が浅いメンバーでも，助け合いの中で挑戦し，貢献することで学習の機会が生まれます。

● **相互依存的な関係があること**

分業では，ある課題が他の課題の完了と相互依存関係をもつようにすることが大事です。それぞれの小課題を一人ひとりで取り組めないようにすれば，協調する必然性が生まれます。お互いの受け持つ小課題の学習のがんばり度合いや成果の質が，最終的なグループとしての学びや成果の質に関わるように分業するのも効果的です。これは，グループの目標を高めようとする意識がはたらくことで，柔軟な分業の再編成が生じやすくなるからです (Damşa & Ludvigsen, 2016)。

このような点に注目した代表的な学習法は，**ジグソー学習法**（アロンソン・パトノー，2016）です。この方法では，まず大きな課題（たとえば，第二次世界大戦の歴史）について学ぶために，少人数のグループをつくります。そして，歴史に関する教材をグループの人数分に分割し，学び手にそれぞれ割り当て，一人ひとりが教師の役割となって責任をもって内容を発表することで，全員が第二次世界大戦の歴史を学べるようにすることが伝えられます。その後，同一の分割教材（たとえば「ドイツとイギリスの戦い」）をもつ学び手同士が集まるエキスパートグループと呼ばれるグループに分かれてその内容を学び合い，できるだけ正確かつわかりやすく説明できる「エキスパート」になります。最終的には，もとのグループにジグソーパズルのように集まって，それぞれの教材の

エキスパートがみんなに説明するということをとおして学習します。あたかもパズルのピースが相互にどこで合うかがわかるようなかたちで教材を重複させてつくることにより，前述の原則を満たして，互いに助け合って学べるようになり，結果として，高い学習効果が得られます。

● **心理的安全性を確保すること**

分業をとおして効果的に協調学習を行うには，学び手が積極的に質問や指摘・補足できるように，あらかじめ配慮しておく必要があります。ですが日本の学校では，安定した学級運営のため，あるいは学び手の自尊感情への配慮から，褒めることが尊重され，質問や批評，誤りの指摘が控えられる傾向があります。わからないことがあるとき，グループ活動に問題が生じたとき，建設的な批評が必要な場合に，「疑問をもったり批評されたりすることは互いに高め合うための大切な学習機会だ」と学び手が思える**協調の文化** ☞ 3.6節 をつくることが大切です。

● **オープンな分業の環境をつくること**

メンバー同士が互いのやりとりがオープンに見えるようにしたり，分業している作業ができるだけオープンに見えるような道具を使ったりすることで，お

図　越境する分業

互いに必要に応じて柔軟に分業を越境して，教え合ったり助け合ったり一緒に考えたりという協調が起こるようにすることが大切です。このような分業の再編成は**創発的分業**と呼ばれます（加藤，2004）。オープンなやりとりとオープンに見える道具を実現するには，メンバー自身が自分の作業状況の把握ができること，他の人の作業状況の把握ができること，そして他の人が自分の作業状況を把握していることを把握できることが必要です。たとえば，一人ひとりが独立してノートに書いたりコンピュータの作業をしたりといった学習活動では，こうした要件を満たすことが難しいでしょうが，Google Presentation や Docs, Spreadsheet のようなクラウドベースの学習環境を使えば，互いに何を行っているかを相互に把握し，必要に応じて柔軟に調整して協調することが可能になるでしょう（望月・加藤，2017）。

　また，**協調的問題解決**においては，メンバー同士が大きなノートや模造紙，ホワイトボードなど，同じものを注視する共同注視（joint attention）が，学習に対する関与を相互に維持するうえで重要であることが，さまざまな研究で指摘されています（Barron, 2003; Roschelle, 1992; Teasley & Roschelle, 1993; Schneider & Pea, 2013）。学んだことや意見を書き出したりまとめたりするオープンな道具として，こうした伝統的な道具も有効です。

　以上にあげたようなことは，日常生活の中では自然に実現できているものの，学校環境では学び手が自分で工夫して実現することが難しいことも多くあります。そこでこれらの原則を念頭に置いて，教師がさまざまな手立てを考えて，学び手が自分たちの力を発揮して学習できるように準備することが大切です。

シミュレーション

「学習している状態をイメージしてください」と言われた場合，みなさんはどのような姿をイメージするでしょうか？　多くの人は，机に向かって本を読んだり，問題を問いたりする姿をイメージするかもしれません。あるいは，新しい学習観を意識した方は，複数人で対話している姿をイメージするかもしれません。本節では，学びについて，学び手が机に向かう姿や，複数人で対話する姿ではなく，モデルを使って身体を動かすことが学びとなるという事例について紹介していきます。

■ シミュレーションとは？

シミュレーションの意味について見てみると，「物理的あるいは抽象的なシステムをモデルで表現し，そのモデルを使って実験を行うこと。実際に模型を作って行う物理的シミュレーションと，数学的モデルをコンピューター上で扱う論理的シミュレーションがある。模擬実験。」（三省堂 大辞林［第三版］）と記載されています。シミュレーションの意味には「モデル」という語句が複数用いられていることがわかります。1.3節では，図式や図式化を学習活動に取り入れた**モデルベース学習**について説明しましたが，シミュレーションは，モデルベース学習と密接な関係があります。

発達心理学の研究では，身体を動かす身体的行為が概念発達の中心的な役割であることが認められています（アブラハムソン・リンドグレン, 2016）。たとえば，ヴィゴツキー（Vygotsky, 1962）は言葉が先ではなく先に行為があることを主張し，ピアジェ（Piaget, 1968）は，論理的思考は言語のみならず行為によって見いだされることを述べています。ヴァンロンパイら（Van Rompay, Hekkert, & Muller, 2005）は，**身体化デザイン**（embodied design）という言葉をつくりましたが，学習科学では，学びとしてモデルを使った身体的行為を伴う身体化デザインを取り入れる研究が着目されるようになってきました。学習科学において，身体化されたデザインの実践例について，2つ紹介します。

■ Mathematical Imagery Trainer

Mathematical Imagery Trainer は，身体を動かしながら比例の学びを行うゲームです（図1）。たとえば，1：2の比率を正確に理解しているかどうかを確認するために，右手と左手をうまく活用しながら，1：2を表すような位置にカーソルを置いて，正解を導くようなゲームです。このように身体を動かしながら正解にたどり着くまでに，視覚化，概念化，計算が伴い，比例の概念を知覚体験と結びつけるように支援されています。

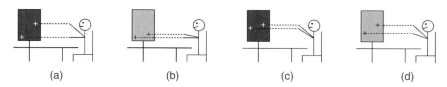

ここでは1：2の比率が正解としてセットされているため，ゲームで"成功"するためには右手を左手の倍の高さにしなくてはならない。4コマからなる図（aからd）は，MIT-Pにおける一連の操作系列を示している。正解を探る中で学び手は，(a)両手を"間違った"位置に置く，(b)偶然"正しい"位置を見つける，(c)間隔を一定に保ちつつ両手を上げてしまう，そして，(d)手の位置を修正する。bとdではカーソル間の間隔が違っていることに注目してほしい。

図1　The Mathematical Imagery Trainer for Proportion（MIT-P 基本操作）（アブラハムソン・リンドグレン，2016, p.101 より作成）

■ MEteor

MEteor は，科学教育の身体化デザインを用いた没入型シミュレーションシステムです。約9m×3mのシミュレーションゲームで，ニュートンとケプラーの法則に関わる学習内容を支援することを目的としています（図2）。学び手は，床の上を歩きながら，身体の動きと床上に投影された小惑星の動きを関連づけます。そして，小惑星を動かして，惑星の重力や他の力が小惑星の軌道に影響を与えるような空間領域を導いていきます。ゲームのルールは，小惑星を床の中央部にある惑星のすぐ後ろの空間を通過させることです。ゴールさせるためには，惑星の近くを通過する小惑星の起動が惑星の近くで湾曲することに気づき，小惑星を加速させることが求められます。学び手は，正面ディスプレイ上のグラフ表示を見て，結果を振り返ります。

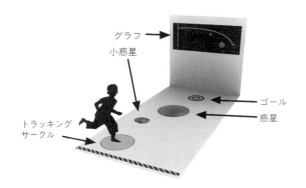

学び手は,小惑星を発射して,それが,空間内の他の物体(たとえば惑星)と相互作用する中でどのように動くかを予測しなくてはならない。この図においては,学び手は小惑星から遅れてしまっている。このため,トラッキングサークルの色が変化している。正面モニターのグラフをみることで,前回の試行を振り返ることができる。

図2　MEteor(メタファに基づく全身インタラクションのためのシミュレーションゲーム)(アブラハムソン・リンドグレン,2016,p.103 より作成)

　以上,数学や科学の概念を身体的経験によって身につけていくシミュレーションの学びについて述べてきました。昨今では,**STEM 教育**(Science, Technology, Engineering, Mathematics:科学,技術,工学,数学),あるいは,**STEAM 教育**(Science, Technology, Engineering, Art, Mathematics:科学,技術,工学,芸術,数学)の領域が着目され,これらの専門的な知識と技能を融合させたものづくり教育が欧米諸国を中心に取り組まれています。しかしながら,学び手は,日常的に触れることのない学習領域について学習することはとても難しく,事前に専門的な見方・考え方の手ほどきを受ける必要があります。学び手に専門的な領域のものの見方・考え方を導くような学習環境の一つとして,身体化アプローチが有効であると,学習科学者たちは述べています。**STEM/STEAM 教育**の新しい領域では,**身体化デザイン**によって学び手の身体的関与を導き,学びを支援することが求められ,教師がどのように関わっていくかが重要になります。

探究学習

■ 探究学習とは？

　探究学習（inquiry learning）は，学び手が協働的に研究活動（investigations）に従事することで，学問領域の内容だけでなく領域固有の認識論や実践の方略を学ぶ学習方法です（Hmelo-Silver, Duncan, & Chinn, 2007）。学習科学では科学教育で多くの研究がなされています。探究学習では，重要で真正な問題や問いを扱い，協働を重視し，学び手が意味を構成し，エビデンスに基づいた説明をつくり，考えをやりとりする活動が行われます。教師はファシリテーターとして学習過程を促進し，必要に応じて内容知識を提供する役割を担います。

　こうした特徴は，**問題基盤型学習**（Problem-Based Learning：PBL）（ルー・ブリッジス・メーローシルバー, 2016）と共通しています。両者の主要な違いはその起源であり，問題基盤型学習は，医学教育において始まり，仮説演繹推論を重視する医学の専門教育の研究を起源としています。また問題基盤型学習は，多くの場合，問題に関するデータや自己学習のためのリソースが文書のかたちで提供されます。これに対して，探究学習は科学的探究の実践に起源をもち，問いを立てる，データを収集し分析する，エビデンスに基づいた主張（arguments）を構成することを重視します。実際には両者の実践事例は多様であり，明確に分ける基準は起源くらいしかないといわれています（Hmelo-Silver et al., 2007）。

■ 探究学習のねらい

　探究学習の目標は，内容そのものとソフトスキルや領域固有の認知的実践の両方を効果的に学習することです。ソフトスキルとは，考えを生み出したり評価したりすることや自律的な学習，協働を行うなどのスキルで，学業上のみならず，**知識社会**において生涯学び続ける学び手であり市民であるために重要です（Bereiter & Scardamalia, 2006）。そのために学習環境にどのように**足場かけ** ☞ 6.6節 をすればよいかが学習科学の領域で検討され，ねらいとする成果が教室での研究で得られています。

　そもそも探究学習の背後には，ある領域の概念や理論は，それを用いる実践

に近い状況で最もよく学ばれ，学びの文脈は学ばれた知識の活用のされやすさに影響を与えるという学習への見方があります。相互に関連づけられ，有意味で活用可能性の高い理解を発達させたいなら，それを使う文脈に近い学習環境が必要だと考えられるのです。当然こうした文脈では，学び手が**不良定義問題**に直面します（例：科学的な発見や議論を評価する，研究や調査をとおして政策の利点やリスクを判断する，日常的な現象の論理的・科学的な理屈の通った説明を構成する）。だからこそ，重要性がわかり動機づけのある文脈で学習すべき内容が提供されるだけでなく，問いを発し，調査し，議論（主張を構成）するといった科学的な実践に従事する機会が学び手に与えられるのです。

■探究学習における教師の役割：足場かけ

探究学習の支持者のほとんどは，学び手による選択，実際に何かを行う体験とそこから自分なりに意味を構成する活動，協働がある環境の中で，学び手の思考に沿っていることを重視しながら，計画的に指導がなされること（structured guidance）が重要であると考えています。探究学習では教師が何かを直接教えることはないというのは誤解であり，探究学習において用いられるさまざまな足場かけの中に，直接教授も含まれます（Hmelo-Silver et al., 2007）。ただしその場合の直接教授のタイミングが重要になります。提供される情報の必要性を学び手が認識する際にミニ講義等のかたちで提供されることで，学び手はその時取り組んでいる活動とのつながりや重要性を理解することができるのです。このような時機をとらえた直接教授（just-in-time direct instruction）が，活用可能な知識の構成を促進すると考えられます。

さらに探究学習では，複雑な課題を扱うので，学び手が意味を構成し，調査や問題解決プロセスを管理し，思考を明言化することを奨励し，学びについて振り返ることを助ける足場かけを必要とします（Quintana et al., 2004）。足場かけのある探究の環境では，学び手は，現在の能力だけでは取り組むことが難しい複雑な課題に従事する機会を得ることができます。足場かけは，学び手にとって複雑で困難な課題に挑戦し，なんとかやり遂げられるようなものへ，すなわち**発達の最近接領域**に入るように変化させることで，学習課題を扱いやすいものにするのです。**認知的負荷**を低減し，その学問領域の思考や行為の方法を獲

得することを助ける方略として次のようなものがあります。

①その領域固有の思考や方略を明示的にする：コンピュータを用いた環境で，ソフトウェアを使って動物の行動を分析する学びをしている際に，ビデオの中で観察した行動を特定の様式で記録させることで複雑な行動を構成要素に分割し，分類し，意味を解釈することを支援する（Quintana et al., 2004）。

②ソフトウェアの中で提供される説明，会話，ビデオクリップなどの中にヒントや理論的な根拠を説明するような情報が埋め込まれている。

③ソフトウェアがデータの表象を自動的に生成したり，情報を保存したり，複雑な計算を行い，言葉で質的に表現したものを，モデルを動かすことのできる数式に変換してくれたりすることで，取るべき選択肢を制限したり認知的負荷を下げる。

このように，テクノロジを使ったプロジェクトベースの単元は学び手が取り組む問いの種類，収集するデータを広げ，モデル構築や科学的推論に関するカリキュラムを支援することができます。

■ 探究の質的な違い

ベルら（Bell, Smetana, & Binns, 2005）は，米国の科学教育スタンダード（National Science Education Standards）の基準を踏まえて，ある学びが探究学習であるといえるのか，あるいはどの程度のレベルの探究を可能にしているのかを判断する枠組みを提案しています（次ページの表参照）。スタンダードは，「問いを立てる」「データを分析する」「批判的に思考する」ことを重視した**アクティブ・ラーニング**に学び手を従事させることが**探究指導**（inquiry instruction）の特徴だと述べています。

データ分析をとおして研究上の問い（research question）に答えようとしているかが，探究ベースであるか否かを分ける第1の観点です。研究上の問いやデータ分析を含まないハンズオン活動のある優れた授業は多くみられます（たとえば，細胞や原子のモデルをつくる，花の採集，太陽系の縮尺模型をつくるなど）。しかしそれでは研究上の問いがなく，**探究活動**とはいえません。

同じ理由で，特定のスキル（たとえば，秤の使い方，メスシリンダーの目盛

表 探究の4レベルと学習者に与えられる情報の違い（Banchi & Bell, 2008 より作成）

探究レベル	問い	手続き	解
1. 確認としての探究 例）結果が事前にわかっている活動をとおして原則を確かめる。	○	○	○
2. 構造化された探究 例）教師が提示した問いについて決められた手続きによって調べる。	○	○	
3. ガイドされた探究 例）教師が提示した問いについて学び手が設計・選択した手続きで調べる。	○		
4. オープンな探究 例）学び手が立てた問いについて自ら設計・選択した手続きで調べる。			

りの読み方）を練習するための活動も探究とはいえません。探究ベースの活動は科学的な問いとともに始まるものであるからです。たとえば「質量は密度にどのように影響するか」「温度は化学反応の頻度にどのように影響するか」「最近のエルニーニョ現象は私たちが住む地域の気候に影響を与えたか」「空に見える月の形や位置が1か月の中でどのように変化するか」といった問いが研究上の問いとなります。

　研究上の問いをもつことに加えて、学び手が関連するデータを分析することが探究活動には含まれなければなりません。したがって、一人で図書館に調べに行ったりインターネットで調べたりすることは探究的な授業とはいえません。そこでは情報を集めているのであって、問いに答えるためのデータを分析してはいないからです。それでは、探究ベースの活動は常に自分たちでデータを集めなければならないのかといえば、必ずしもそうではありません。自分たちでデータ分析して研究上の問いに答えるのでさえあれば、教師が集めたデータを分析することもありえますし、インターネットで入手できるデータを分析することもありえます。

　表の「オープンな探究」のように、最も真正な探究活動では学び手が自分でデータを収集、分析して自分たちの問いに答えを出すと思うかもしれません。しかしたとえ問いとデータが与えられても、学び手が分析を行い、自分なりに結論を導くのであれば、探究ベースであるといえます。ここでの探究の核心は

「データ分析」をとおして，学び手が研究上の「問いに答える」能動的な学習過程にあるからです。またたとえ，学び手自らが科学的な問いを立て，その問いに答えるために効果的なデータ収集手続きを計画するとしても，多くの学び手にとってはかなりの足場かけが必要となります。探究指導の理想的なプランは，この事実を認識したうえで，漸進的なステップを経てより高度な探究スキルの発達を促していくことだといえます。

探究の質的な差異は，連続的なものであり，徐々に高いレベルへと移行していけるとよいと考えられます。レベル4の探究を行うスキルと知識を発達させることが目標ですが，そこから始めることは難しいでしょう。練習しながら，だんだんとオープンで複雑なレベルに進んでいくことができます。準備がないのにレベル4から始めても，低いレベルでずっとやっているのと同じくらい得るものは少ないといえます。もちろん価値ある活動がすべて探究ベースであるとはかぎりませんが，もし探究ベースを意図しているなら低いレベルだけに終始するのは問題です。適切な足場かけとともに徐々にレベルを上げ，学び手の参加を高めていくように設計できるとよいでしょう。

自己説明を促す教授法

自己説明は，概念的な説明よりも，**説明的文章**（explanatory text）や**手続き的知識**（procedural knowledge）の理解を深めるのに効果的であるといわれています。次のような方法が自己説明を促す教授法の代表的なものとして知られています。

◼ 模範例

算数や数学の教科書の単元の最初には，ほとんど必ずと言ってよいほど，例題とその解き方を示す**模範例**（worked-out examples）(Renkl, 2014) が載っています。たとえば，数学の場合には，次のような模範例 (Schwartz, Tsang, & Blair, 2016, pp.294-295) がみられます。

(1) 　(a+b) ÷ c = d の a を求めるには， 　a + b = dc 　a = dc - b	(2) 　(a+b) ÷ c = d の a を求めるには， 　a を左辺に，他の変数を右辺に移項するようにしてみます。 　まず，両辺に c をかけて，左辺の 1/c をなくします。 　a + b = dc 　次に，b を右辺に移項して，左辺を a のみにします。 　a = dc - b

（1）（2）のどちらも，1つの問いを解くのに必要なステップにうまく分けて表現している模範例です。しかし（1）と（2）ではその説明の度合いに差があります。（1）は代数に親しんでいれば，ある程度（2）に示されている途中段階の理由を推論できます。数学が得意な教師が模範例を書くと（1）の記述になりがちで，さらに途中の解法ステップを省略することもあります。ですが，初心者が解法手順の理由を推論することは難しく，したがって初心者向けの模範例としては不適当です。（2）は初心者でもある程度理由がよくわかるように記述されています。このように，一つひとつの手順の理由を，ある程度学び手が自分で理解したり推論したりできるように**教授的説明**（instructional explanations）を含むことが大切です (Renkl, 2002)。

というのも，模範例は，単にこの文字列を見たり，同じように解いたりするだ

けでは効果をあげにくく，学び手による自己説明に学習効果が依存することがわかっています。一つひとつの手順の理由をきちんと理解しているかどうかを確認しながら，自分で説明をしていけば，より深く問題解法の手続きを理解できます。教師は例題を解かせるだけ，あるいは授業の中で一緒に模範例を解くだけではなく，そのような自己説明を促すはたらきかけをすることが必要です。

■ 相互教授法

　自己説明は**認知的負荷**☞ 2.1節が高く，学び手が自分で取り組むのはたいへんです。しかし教師が質問セットをつくって答えさせるだけでは，学び手はなぜ質問されているのかを考えず，受け身の活動になってしまいます。そこでパリンサーとブラウン（Palincsar & Brown, 1984）は**相互教授法**（reciprocal teaching）という協調学習の方法を生み出しました。これは二人の間で教師役の役割交代をしつつ質問を互いに投げかけ，説明し合うことで，自己説明を自然に促し，自分がどの程度理解ができているか，何を理解しなければならないか等をモニターする力を習得することができるもので，文章内容の理解も深められる方法です。

　具体的には，大人と子どもがペアになり，最初は大人が教師役として子どもに質問をし，次に子どもが教師役になり大人に対して質問をする，という手順で進みます（大人がした質問は憶えておくように言われます）。質問は，文章内容を説明し理解するうえで大事な質問（たとえば，テストで問われるような**質問**，**要約**，主人公は誰か，どんな内容か，難しいところはどこか（**明確化**），この後の内容はどうなるか（**予想**））をします。初期段階では大人が手本になれるので，子どもができないときには真似をするように手助けすることもあります。また「先生はどんな質問してくると思ったか」と聞いたり，どうやって要約するのかを教えたり，要約を促したりということをします。これを続けて，できるだけ大人から肯定的なフィードバックや，修正のためのやり方のモデルを示します。これを何度も繰り返すことで，子どもはしだいに自己説明の方法がわかり，自分の理解の程度を把握し，文章のよい読み方もわかってきます。この活動の回数を繰り返すことで，子どもたち同士で実施することができるようにもなっていきます。

第2部　新しい学びのための授業設計 ── 第5章　学びを深めるための対話を授業に取り入れる

◨ 事例対比

事例対比（contrasting cases）は，複数の似た事例を比較させ，共通点や差異・矛盾に注目させることで，それぞれの情報で示されている特定の機能や特徴に気づかせる方法です（Bransford & Schwartz, 1999）。学び手に対して複数の事例を提示した後，それら事例を**意味づけ**（sensemaking）たり，類似点や相違点を検討したり，議論したりすることが促されます（Rittle-Johnson, Star, & Durkin, 2012）。たとえば，下の図の例を見てみましょう（Bransford & McCarrell, 1974, p.194）。(a)の絵だけを見せられたときと，(b)の絵を見せられたときで，感じ方はどう違うでしょうか。

(a)の絵だけを見せられた場合，「ただのハサミの絵」と思うかもしれません。これだけでは，(a)の絵の特徴を説明するように促されても，なかなか難しいと思うのが普通です。しかし(b)の絵のように複数の似た事例を見せることで，(a)の絵と同じDのハサミの絵の特徴が際立ってきます。たとえば，刃の部分がかなり太いとか，このハサミは大きく複数の指を入れられるとか，てこの作用がはたらくように持ち手とネジの間が短い，などの特徴に気づき，説明できるようになるでしょう（Bransford & McCarrell, 1974）。

このように事例を対比することで，さまざまな特徴に気づかせたり，構造に関する類推を促したりする特性があります。こうした特性を使って，算数・数学をはじめとして（Rittle-Johnson et al., 2012），さまざまな教科で事例対比を使って自己説明を促そうとする取り組みがみられます。たとえば，インターネットの通信の仕組みを学ぶ情報科の教材で，「回線交換方式」と「パケット交換方式」

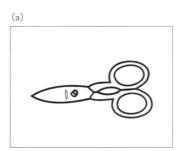
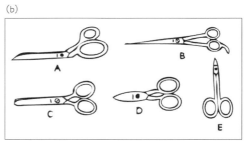

図　ハサミの絵の例

表　回線交換方式とパケット交換方式の推薦文

私が提案するのは，回線交換方式と呼ばれる通信方式です。 　回線交換方式は，通信を開始するときに専用の通信回線を確保して通信する方式です。 　回線を占有して通信するため，通信が始まれば同じ通信速度で通信することができます。これは，パケット交換方式にはない特徴です。 　たくさんのコンピュータが同時に通信をしようとすると回線が不足し，電話と同じように「話中」や「パンク」で通信できなくなります。これは，電話と同じくらい回線の数を増やせば十分に対応できると考えられます。 　将来，コンピュータ同士で重要な情報を通信することになることが予想されます。たとえば，銀行間で行う何億円もの取り引きをコンピュータで行ったり，国の運命がかかるような情報のやりとりも，コンピュータで行うようになるでしょう。そのような大切な通信には，安定した通信速度が欠かせません。そのため，この回線交換方式を提案します。	私が提案するのは，パケット交換方式と呼ばれる通信方式です。 　これは，送信するデータをパケットと呼ばれる小さいかたまりに分割して，送信する方法です。 　回線を占有しないため，1つの回線をいろいろなあて先のパケットが同時に通過することができます。そのため，たくさんのコンピュータが同時に1つの回線を使って通信できます。これは，回線交換方式にはない特徴です。 　あまりに多くのコンピュータが同時に通信をしようとすると回線が混雑し，通信速度が低下します。これは，回線を改良し，同時に通れるデータの量を増やすことで，対応できると考えられます。 　将来，通信を行うコンピュータの数は爆発的に増えることが予想されます。一人ひとりがコンピュータをもち通信を行ったり，自動車やエアコン，お風呂といったいろいろな機械が通信を行うようになるでしょう。その実現には，限られた通信回線で，たくさんの機器が同時に通信を行える必要があります。そのため，このパケット交換方式を提案します。

のいずれかを学び手が選択して提案する課題のために書かれた，2人の科学者による推薦文（表）を見てみましょう（大石・望月，2019）。

　この課題の正解は「パケット交換方式」なのですが（回線交換方式は，昔の電話に使われていた通信方式です），正解を知っていたとしても，この2つの文章を対比することで，2つの通信方式の特徴が垣間見えたり，インターネットの通信に必要なことは何かを考えることを促されたりしませんか？　このように2つの似たような（もっともらしい）事例が対比されることによって，どちらが本当に適切なのだろうか？　という疑問が生じ，それを解消しようと探究する心のメカニズムがはたらきます。そして，一貫したメンタルモデルをつくり出そうと，学び手が自分で説明をするように促されるのです。このように，適切に情報を2つの事例に埋め込むことで，対比している事柄の特徴やメカニズムを自分で説明したくなるように仕向けることができるのです。

社会数学的規範

◾ 社会数学的規範とは？

社会数学的規範とは，授業での談話をとおして教師や学び手が協働的に構築していく教室固有の数学理解のありようです。算数・数学の授業の中で，どのような説明の仕方や考え方がよりよいのか，適切なのかといった判断基準が談話をとおして繰り返し交渉され，共有されていくことで社会数学的規範は形成されていきます。この社会数学的規範は，教室にある社会的規範と学問としての数学内容の理解（数学規範）が重なりつつも，異なる規範が教室にはあることを説明する概念としてコブ（Cobb, P.）らが提唱したものです。数学の深い理解と教室での対話的実践のはざまで，その両立を可能にし，学びに生産的である談話の性質だとみなされています。

社会数学的規範を理解するための例として，分数の割り算の計算過程を説明する場面を取り上げます。学習塾などで先行して習得している子どもたちは，「割る数を逆にして（逆数にして）掛ける」といった過程を計算方法として知っています。しかし，この説明はそのことを学習していない他の子どもたちからすると，なぜ逆数にするのか，なぜ割り算を掛け算にするのか，といった理由がわかりません。「どうやって計算するのか」という問いに対し，手続きの過程を説明したにすぎませんから，「なぜそうするのか」の十分な説明になっていないのです。

これは教室での考え方や解法に関する説明が求められたり，対話をとおして理解を深め合う中で，単に問題の解法や数学的表現を適切に運用し，それを典型的な言い回しで説明できたとしても，ともに学ぶ他者には理解されておらず，十分な説明とみなされていないという状態です。こうした場面をその教室にある社会数学的規範という視点からみると，その解法や説明はそれを満たしたものとはいえません。その説明をした人は学習集団の他の人が理解できるような表現や方法を用いていませんし，学習集団としてその説明がよいのかどうかといった判断基準があるのかも曖昧です。つまり，その教室の社会数学的規範に即して本来の数学的実践に適切に参加していないのです。談話に参加し，かつ，

適切な数学的振る舞いができているとはみなされないことになります。また，「逆数にして掛ける」という方法は数学としては適切に表現できているかもしれませんが，少なくともこの教室ではその理解が共有されていない知であることから，わかりやすいとみなされず，受け入れられません。この教室における社会数学的規範とはなっていないといえます。

◼ 数学的規範と教室での社会的規範

　数学の世界では，数学固有の知識や専門的用語，数学的な表現や表記，思考のあり方に基づいて学術的なコミュニケーションがなされます。数学の世界で用いられる表記や表現，またそこで求められる思考のあり方には数学に特徴的なものがあり，これらは総じて数学理解（数学的知識）に含まれるでしょう。数学的規範は，学問としての数学の世界に参加する際に個人の内的に，集団では社会的に形成されるものです。これが基盤となって，継続的な議論がなされることで数学の学術的発展や知の高度化へと向かいます。発展・高度化に伴って，新たな数学的規範が形成されていくことになります。

　一方，教室での社会的規範とは，学校での授業や集団生活において，規律として共有され，そのように振る舞うことが当然とみなされている考え方です。特に学校の教室や授業では日常の生活とは少し異なることが当然とみなされることが指摘されており，そうした特徴は談話の中でも見いだされます。ただし，より細かくみると教室ごとに異なります。たとえば，授業中の発言の際には挙手をし，教師が指名することを待つ，といったことが共有されている教室もあれば，そうしたことをせずに，状況を捉えながら教師の指名や許可なしに適宜発言することが許されていたり，それを推奨したりする教室もあります。教室の規範は，教師や学習集団で取り決められた明示的な規則や学校や教室に固有の文化の中で暗黙のうちの当然とみなされていることが含まれます。「ふさわしい振る舞い方」に関する，集団やコミュニティに固有で，共有された考え方であり，教室の文化ともいえます。

◼ 社会数学的規範に期待される数学の学び

　算数や数学の授業には，教室での社会的規範と数学的規範のどちらもが存在

し，また，その授業に適切に参加する中で個々がそれらを獲得していくことが求められます。コブらはこの2つの規範とは異なる性質をもつ規範があることを授業の談話分析をとおして見いだしました。特に，それは学びに対して生産的である談話で特徴的なものとして見いだされました。それが社会数学的規範です。

　コブが社会数学的規範に着目するのは算数・数学教育の学習課題・目標の質的転換，そして，学校での学習のあり方の変容を求めているためです。彼らはそれを「探究する学校数学」という方向性に見いだします。そのため，従来の学校での算数・数学学習の特徴的な談話形態が，親学問である数学の世界でなされている対話とはとはずいぶん異なることを問題視します。伝統的な学校数学の授業では権威的な存在である教師が知識を伝達し，それを学び手が記憶し，演算を遂行するといった形態で，効率よく知識が伝達され，演算が正確かつ迅速に実行されることが求められます。また，数学教育では長らく「意味理解」か，それとも「技能習得」かが議論されてきたことを踏まえ，次代の目標はそうした2項対立で捉えるのではなく，「探究する学校数学」だと考えたのです。そこでは，授業は教師と学び手が数学の知識を構築する場であり，学び手は数学的な議論に参加する中で，他者に自身の解釈や思考・推論を説明し，相互にコミュニケーションを図ることが求められるとします。さらに，学び手は情報の受信者ではなく，知識を構築していく談話の能動的な参加者とみなすのです。コブはこうして教師や学び手の授業への参加のあり方を変容させ，談話の質を変容させることが重要であるとしました。

　社会数学的規範が教室で形成されていくには，問題解決にむけて話し合うだけでなく，自分たちが話していることは何なのか，何が問題なのかということそのものを話す省察的な談話が必要です。数学的な考えや適切さとはどのようにあるべきかということを話し合うこと，そして，教師はその判断基準を学び手に求め，判断を委ねることが事例をとおして明らかにされています（McClain & Cobb, 2001）。また，社会数学的規範の形成には，教師が一人の学び手の発言に対して，教室全体に承認を求めていく介入がみられたことが明らかにされています（河野，2010）。実践ではこうした介入や授業のあり方をとおして，学び手が相互に納得する説明のあり方を交渉し，社会数学的規範を形成し，また，変容

させていくのです。

　社会数学的規範は，学習集団で交渉されることによって，形成され，より高次なものへと変容していきます。大学生レベルにおいても，そこで共有されている規範の交渉によって，数学に対する信念が変容し，学習している内容に関する談話が計算技法の話から概念的な理解の話へと変容していく様子が明らかにされています（Yackel & Rasmussen, 2002）。

■社会数学的規範の形成に寄与する学び手の主体性

　社会数学的規範の形成は，学習集団での談話を生産的にするだけにとどまらず，概念発達や数学内容に対する理解の深化や，数学に対する信念の発達をもたらすことが明らかになっており，学び手の認知的側面と情意的側面の両方に大きく貢献するものとなっています（McClain, 2002）。数学にかぎらず，学校での学びは学習内容の展開（カリキュラム）によって進む側面があります。新たな学習内容を学ぶたびに，学び手はその意味や使い方を交渉し，協働吟味をとおして，学習集団で社会的数学規範を再形成していくことになります。より高次の内容を学習するにつれて，教室に固有だった表現方法や考え方は，学問の数学の中で共有されている数学的規範に接近していくと考えられます。学び手は対話をとおして社会数学的規範を形成し，個々の数学概念の形成・発達と同時に，より高次の数学的な知識を協働構築する主体となるのです。

　社会数学的規範の形成につながる教室談話では，学び手は教えられた知識や技能を習得することに専念するのではなく，協働構築した知や社会数学的規範を検証して高め合うコミュニティのメンバーとして責任を果たすことに専念していく姿がみられます。学び手が社会数学的規範の形成に寄与するには，そこで議論されている問題解決の道筋や考え方，説明の仕方，数学的意味について，相互に交渉し，その是非を判断することができる主体となることが求められます（McClain & Cobb, 2001）。

Chapter 6

第6章
学び手の主体性を重視した授業設計のために

真正な学習

学びにおける真正性

　学校教育の成立以前，何かを学ぶということは，仕事や生活に直結し，かつ自然と行われてきたことでした。何かの職業につくためや，家庭での役割を果たすためであったのです。どれもがその人のやるべきこととして重要で，それを学ぼうとすることを家族や社会が支援してくれていました。これを**徒弟制**（師匠から弟子が学ぶ仕組み）と呼びます。学びたい人間は教えてもらえる人間（師匠）に弟子入りし，そこで丁稚奉公から徐々に師匠のようになっていくのです。今でも学校教育以外の場所では，この学びが数多く残っています。

　このような徒弟制には学校教育とは異なる特徴がいくつかあります。徒弟制の中で生じる学びは，「実際の暮らしの中で必要であることが学ぶ人にしっかり理解されて，その実際の場面で学ぶ」ものです。たとえば，お菓子職人になりたい人がお菓子のつくり方を学ぶとき，弟子は最終的にどうなりたいかを明確にイメージしています。よって，「お菓子職人になるのに何でこんなことをしなくてはならないのか？」といった疑問は彼らの学びの中にはありません。すべては自分の夢（目標）のためで，はっきりしています。

　さらに，彼らが学ぶべきことは多くの場合観察することができます。メレンゲをつくるにしても，どのように，そしてどれくらい撹拌するのかは，師匠がやる姿を見て学ぶことができます。そして，彼ら自身がそれを真似てメレンゲをつくってみるのですが，実際の職人の作業場面では材料を無駄にすることはできません。そこで師匠は弟子の姿を見て，「大きな失敗をしないように」コーチするのです。そして，少しずつ弟子は「学んで（仕事を憶えて）」いきます。自分で何かができるようになることは，誰にとっても自信になりますし嬉しいことです。「少しずつだけど，自分はお菓子づくりをできるようになっているし，それを買って帰ってくれるお客さんがいる」という自信をつけながら，日々お菓子職人の道を進んでいくことができます。もちろん一人前になるのはそうたやすいことではありません。しかし，弟子は必ずしも一人ではありません。いろんな仲間や先輩との助け合いや切磋琢磨をとおして自分を高めていけるので

す。徒弟制の学びにみられるこうした特徴は，学習科学では，**正統的周辺参加**（legitimate peripheral participation）と呼ばれています (Lave & Wenger, 1991)。正統とは，学び手がそこでそれを学ぶ意味が師匠にも弟子にもはっきりしているという意味です。そして周辺というのは，弟子ができることから少しずつものごとを成し遂げていくという意味です。複雑で難しいことは最初からできるわけはありません。弟子はあくまで彼らのできることを少しずつ練習してより複雑なことができるようになります。

◼ 真正性のある学びを実現する教授法：認知的徒弟制

では，学校教育に真正性のある徒弟制をどのように取り込んでいくことができるのでしょう？　徒弟制が具体的な職業に直結していたのに対し，学校教育における学びはより一般的な能力を伸ばすことに関連していますので，そうした一般的な知的能力のための徒弟制を学習科学は提案しています。これが**認知的徒弟制**（cognitive apprenticeship）です (Collins & Kapur, 2014)。学び手が将来どのような職業につこうとしても，その基盤として役に立つ学力を含んだ能力をうまく支援するために，徒弟制の考え方は非常に有効です。ここでは，その方策として4つの観点を述べておきましょう。

●学ぶ知識の種類

徒弟制の中で学ぶ知識は，非常に幅広く考えられています。これに対して，学校教育の中で取り扱われてきた教科内容の知識は，「どうすればよいのかに関する」知識（手続き的知識）と「どうしてそうするのかに関する」知識（宣言的知識）に偏っていたと考えられます。2018（平成30）年度から徐々に全面実施されている新しい学習指導要領では，「育成すべき資質・能力の三つの柱」として「知識・技能」「思考力・判断力・表現力等」に加えて「学びに向かう力，人間性等」が2つを統率する上位の力として位置づけられています。憶えてテストで書き出すことができる能力だけでなく，それは実際に使われる場面で的確に利用されなくてはならず，どの場面でどういったことができるようになりたいのか，それが自己をどう伸ばす（社会に貢献できる）ことになるのかを常に考え，自らを成長させていく学び手を支援するという新しい教育のフェーズ

に移行しているといえるでしょう。

● **学びを支援する方法**

　徒弟制で弟子の成長を助ける方法は大きく3つあり，**モデリング**，**コーチング**，そして**足場かけ**です。モデリングとは「どうすればよいのかを見せてあげること」です。徒弟制の特徴の一つとして，弟子がやるべきことを師匠から観察できることをあげましたが，このモデリングはまさにその特徴を利用したものです。学校教育では音楽や，体育の場面ではよく見かけます。目に見えることができるようになることが技能の発達の一番わかりやすい指標ですから，どうすればよいのかを教師が見せてあげるのです。これによって，学び手はどうならなくてはいけないか（すなわち学びの目標）とそのために何をするのか（必要となる知識や技能）を全体として把握することができます。コーチングは，モデリングによる支援を受けて弟子が自分で試しているときに，適宜どのようにしたらよいのか，何に気をつけるべきかを教えてあげることです。こうした支援を受けて，弟子は自分の行っていることを微調整して失敗を避けることができます。さらに足場かけとは，弟子たちが自分たちで行うべきことを失敗せずに行えるように，師匠が提供する手助けであったり，道具であったりします。自転車に乗る練習をしているときにつける補助輪はこの足場かけの仕組みであるといえます。これに対してコーチングは，どのようなことに気をつけるかの声がけのようなもの（「自分の行きたいほうの先を見て」といったような）です。コーチングは声がけする必要がなければ師匠はそれを行いませんし，補助輪のような足場かけは必要なくなれば外します。このように支援はずっと弟子の学びの中に存在し続けるわけではなく，徐々に外されて（あるいは形を変えて）いくのです。

● **学びの系統性**

　学びの系統性（順序）には，それなりの意味があります。学習指導要領がよい例でしょう。各学年で何をどのように学ぶことが望ましいかを順序立てて，書かれています。確かに，現場で教えている方々にとって，こうした指針は非常に役立つでしょう。しかし，そのとおりに行かないことを自分の失敗だと位

置づけるだけでなく，そもそもこの順序でよいのかということを考え直してみることも必要かもしれません。なぜなら，「この学年でこのことをこうわかることが望ましい」という指針は，「落ちこぼれ」を生みます。そのルートに乗れなかった学び手を「問題児」だと考えるようになります。これもまた，考え直す必要があります。そもそも，本当にその学び手は落ちこぼれているのか。認知的徒弟制と現在の学校の指導要領の考え方の一番大きな違いは，この「いつまでに何を」できなくてはいけないかの縛りです。徒弟制では，この縛りがあまりないのです。何かの専門性について学ぶとき，皆が同じスピードで同じように学習するという場面は徒弟制にはありません。それぞれができることをやりながら，次に向かう人は次へ，もう少しここにとどまる人はとどまって学んでいくのです。こうした個人のペースに合わせた，個人なりの理解の仕方を尊重するのが徒弟制の特徴です。

● **学びの社会的な意味の付与**

すべての学びは学び手がよき社会人となるために行っていることだと考えると，学習内容がどのように社会（暮らし）と関係しているのかについて学び手自身が意識できている必要があります。低学年の算数の教科書には，そこで取り扱われる具体例にこうした社会的意味がうまく反映されているように思います。しかしながら，学習内容が高度化していくにつれ，その学びが社会においてどのような意味をもつのかがわからないことが多くなります。いつのどこからか，学校で学習する内容が社会から切り離されていっているように思えてなりません。では，学校で教えていることは本当に社会的に意味のないことなのでしょうか？　そうではないでしょう。ただ，どのような意味があるのかを学び手が学ぶチャンスが組み込まれていないだけのようです。二次方程式だろうが，三角関数だろうが，それが社会の中でどのように用いられているのかは，説明が可能です。こうした学ぶことの社会的意味は，どの学年においてもより重視され学習単元の中に盛り込まれることが重要です。

メタ認知と自己調整を促すには

　メタ認知や自己調整学習をできるようにするには，学び手が学習を自由にコントロールできる**自律性**を高めたり，学び手が自分でやることを決めることができている（**自己決定性**）と感じられるようにしたりする工夫を教師が行うことが必要です。しかし，教師と学び手の間の関係性を考えると，教師はどのようにはたらきかければよいのでしょうか。本節では，授業で実際にできそうな，具体的な方法を紹介したいと思います。

■ 自律性を支援するための教師の指導
　リーヴとヤン（Reeve & Jang, 2006）は，学び手が自律的に学習できている教師の教授方略がどうなっているのかを調査しています。その結果（表）をみると，発問をして学び手に意見を聞く時間をとったり，学び手の必要なことを尋ねたり，といった学び手の発言を促すことや，個別学習や話し合いの機会をもたせること，励ましたりしたうえで理由や根拠といった情報的フィードバック（嬉しい・悲しいというフィードバックではなく，役に立つ情報を与えること）など，学び手の見方を受け入れつつ，適切な**フィードバック**を与えることが効果的だとわかりました（シャンク・ジマーマン，2009, p.191）。その半面，表の下部に現れているような学び手を**制御**するような指示・説明は，学び手の**自律性**を**抑制**する指導だということがわかっています。

　これ以外にも，自信を高める（自己効力感をもたせる）ように教材の工夫をしたり，内発的動機づけを高めるような題材の選択をしたり，といった教科内容に関わる内容も，重要なはたらきかけであるといえるでしょう。

■ ポートフォリオ
　学び手が自分の学びの進捗状況をモニタリングしたり，今後の目標設定や計画をしたりすることは，メタ認知をはたらかせ，自己調整学習を行ううえでとても大切です。そのための学習評価の方法として，**ポートフォリオ評価法**があります。ポートフォリオは元来，建築や美術の領域で成果物を蓄積し，能力評

6.2 メタ認知と自己調整を促すには

表　自律性支援的指導行動と制御的指導行動（シャンク・ジマーマン，2009, p.191）

自律性支援的指導行動	
聞くこと	授業で学び手の意見を聞くための時間を教師が取ること
学び手の要求を尋ねること	学び手が必要としていることについて教師が尋ねる頻度
個別活動の時間を取ること	学び手が個別にそれぞれのやり方をする時間を教師が取ること
学び手の話し合いの促進	授業の中で学習している内容について学び手が話し合う時間を設けること
席順について	教師よりも学び手が学習教材の近くに座れるような席順
理由づけ（根拠）を与えること	なぜある行動や考え方，感じ方が有用かを説明するための理由を与える頻度
情報的フィードバックとしてほめること	学び手の学習改善や習得に関してプラスで効果的なフィードバックを学び手に伝えること
励ますこと	「君ならできる」と学び手の取り組みを励ます言葉の頻度
ヒントを与えること	学び手がつまずいたときのように進めばよいかアドバイスを与える頻度
応答的であること	学び手の質問やコメント，提案などに対して応じること
視点をとらえる言葉	学び手の見方や経験を認める共感的な言葉の頻度
制御的指導行動	
命令や指示を出すこと	「これをやりなさい」「それを動かして」「ここにおいて」「ページをめくって」など命令を出すこと
「〜べき」と言うこと	学び手は〜をすべき，しなければならない，考えるべき，感じるべき，など，実際に学び手がそうしていないことに対して言うこと
「正しい方法」を教えること	学び手が自分自身で効果的な方法を発見する前に，やり方を知らせること
「正しい方法」を示すこと	学び手が自分自身で効果的な方法を発見する前に，やり方を明示的に見せたり，やってみせたりすること
学習教材を独占すること	教師が学習教材を物理的に持って独占すること
質問を制御すること	質問をし，また疑問をもった声で指示を伝えること

図1　ポートフォリオのイメージ

価やアピールなどの目的で利用されるものですが，学習の評価にも応用されています（図1）。

　ポートフォリオ評価は，学び手の学習過程におけるパフォーマンスを示す成果物等の質的データを集めるもの（テストの成績の推移の記録ではない）です。それらは無目的に収集するのではなく，学び手が目的を立てて，自分で学びのプロセスをモニタリングし，確認し，何を学んだかを再解釈し，学び方を反省し，次の計画を立てるために用いられ，成績評価よりも**形成的評価**に使います（望月ら，2003）。

　大切なのは，ポートフォリオを評価するときには，教師や友だち・先輩など，周囲の人物と一緒になって，自分の学習過程を振り返って，どうしたらよりよくなるか，次の目標や学習計画をどうするかを話し合う「ポートフォリオ検討会」をもつことです。それをとおして，自分の関心，興味を把握し，学習課題を発見・把握する能力を育成することが目指されています（高浦，1998）。教師は具体的な内容指導をするのではなく，メタ認知的知識をアドバイスしたり，一緒にメタ認知的活動をしてモデルとなることで，学び手はそのやり方を参考にして，自己調整学習の仕方を身につけることが期待されます。ここでは，**コーチングやメンタリング**のように，学び手に主導権をもたせて，教師が相談に乗るような形式で行うことが大切です。また複数の学び手と一緒に検討会をもつと，お互いに観察し合うことで自己調整学習の力を身につけることが期待できます。他の学び手とコミュニケーションするとメタ認知が促されることはよく知られています。仲間がどのような興味・関心をもっているのか，どのように学習意欲を高めているのか，どのようにうまく学ぼうとしているのかを参考にすると，自分の学習スタイルを自然なかたちで変えていこうとするはたらきが生まれます。

　近年，学習管理システムを用いてポートフォリオをまとめる**eポートフォリオ**が普及しつつあります（森本，2011）。これも，一人ひとりがなんとなくまとめるのではなく，学び手自身が学習をよくするという目的をもち，資料を整理しながら，自分の学習の調整の仕方を，教師や友だちと考えられるようにするための道具になれば，自己調整学習を育むうえで強力なツールになることが期待されます。

■ ワークシートや授業の流れの工夫

1時間の授業の中で，学び手が**メタ認知的知識**を習得したり，**メタ認知的活**

パワーアップカード：分数×分数

6年　　組　　番（　　　　　　　）

1. 始める前に言葉の意味を確認しよう

大事な言葉	確認
言葉の式	
数の式	
帯分数	
仮分数	

大事な言葉	確認
分母	
分子	
少数	
約分	

2. 問題

① 1dL で 4/5㎡ ぬれるペンキがあります。3dL では何㎡ぬれますか。

順序	手続き	回答
(1)	いま知りたいことは何ですか	
(2)	いまわかっていることは何ですか	
(3)	「言葉の式」をつくろう	
(4)	「言葉の式」を「数の式」にしよう	
(5)	「数の式」は「言葉の式」と同じ意味ですか	はい・いいえ

② 1dL で 4/5㎡ ぬれるペンキがあります。1/3dL では何㎡ぬれますか。

順序	手続き	回答
(1)	いま知りたいことは何ですか	
(2)	いまわかっていることは何ですか	
(3)	「言葉の式」をつくろう	
(4)	「言葉の式」を「数の式」にしよう	
(5)	「数の式」は「言葉の式」と同じ意味ですか	はい・いいえ

図2　モニタリング・カードのサンプル（中川惠正研究室・富田, 2015, p.16 より作成）

動を促すためのはたらきかけをしたりする必要もあるでしょう。そのやり方は教科によってさまざまにありますが（詳しくは，ジマーマン・シャンク，2014を参照），中川らは，自己説明☞2.2節とワークシートの活用をとおした自己評価と少人数の話し合いを組み合わせた**モニタリング自己評価法**を提案しています（中川惠正研究室・富田，2015）。

　この方法では，まず自己説明をしたり，図や絵を描いたりして，授業の中で解こうとする問題は何なのか，ということをできるだけ深く理解した後，図2のようなモニタリング・カードを用いて学習を進めていきます。このカードでは問題解決に必要なステップごとに区切って，各段階でどのようなことをモニタリングする必要があるのかを確かめながら学習できるようにつくられています。そうすると，学び手は必要な知識は何なのか，どのような解き方をしたらよいかということを段階的に確認しながら学習を進めることができます。その後，ペアや小集団で一緒に問題に取り組みながら，どのようにして問題を解けばよいかを一緒に考え，問題解決の方法を精緻化していきます。最後に，モニタリング・カードで進めた学習の状況をみて，到達度基準に基づく自己評価を行います。単に自己評価をさせるだけでなく，場合によっては学び手同士や教師も一緒になって学習過程の評価を行うことで，学習過程のモニタリングをする力を養い，それを習慣的にできるようにすることがねらいです。

　このようにメタ認知的知識を習得したり，メタ認知的活動を促したりするはたらきかけを，ワークシートを用いて行うことは，比較的学力の向上にも効果があることがわかっています。ワークシートではなく，あらかじめ考えるべき問いを決めて，話し合いをするのも有効といわれます（たとえば，**相互教授法**☞5.5節）。

深い学びを捉える ICAP フレームワーク

「主体的・対話的で深い学び」という言葉を聞くと、すぐ思いつくのは班学習やグループワークではないでしょうか。ですがそのような活動は本当に深い学びにつながるのでしょうか。個別学習でも「深い学び」になりうることはないでしょうか。すると、そもそも「深い学び」とは何かという疑問を覚えませんか？

「深い学び」は、一般的には「学び手が、意味のある（meaningful）学習に主体的に認知をはたらかせて取り組むこと」と捉えられます。それでは、どのように深さを捉え、どのようにすれば深く意味のある学習活動のデザインができるのでしょうか。

アメリカの学習科学者ミシェリン・チィ（Chi, M.）は、「深い学び」をI（Interactive），C（Constructive），A（Active），P（Passive）の4段階で捉えたフレームワークを提案しています（Chi & Wylie, 2014）。本節では、これをもとに「深い学び」を捉え直してみましょう（望月, 2017）。

ICAP フレームワークとは？

ICAP という4つのモードで期待される学習活動はどんなことか、どのような学びが生じるのか、どのような成果が期待されるのかを次のページで表にまとめています。

Passive モードは、学び手が教示や情報を単に受け取るだけ、という状態です。講義を聴いてもノートやメモを取りません。ビデオ教材の視聴であれば、停止や早送り、巻戻しもしません。知識は頭の中に"貯蔵"されるかもしれませんが、学校の授業や試験で質問された場合に使える程度で、日常生活や仕事に応用することは難しいといわれます。最も受け身で浅い学習モードです。

Active モードは、学び手が何らかの身体的活動で、教示や教材にはたらきかけるような状態です（日本語のアクティブ・ラーニングとは意味合いが違うので注意が必要です）。たとえば観察学習で、観察対象をいろいろな方向から見たり、指で指し示したりする行為はそれにあたります。ビデオを見て学習す

表 ICAPフレームワークと期待される学習活動，認知的な成果と学習成果の例（Chi & Wylie, 2014 より作成）

	Interactive	Constructive	Active	Passive
レクチャーを聴く場合	2人以上の集団で，ある立場を主張したり議論したりする。	・声に出して振り返る ・概念地図を描く ・質問をする	・頭の中で／声に出して内容を復唱する ・解決ステップをコピーする ・逐語録をとる	・説明を聞く ・指導内容は聞いているが他には何もしない
文章を読む場合	仲間と理解を確認し合うような質疑応答をする。	・自分で説明する ・複数文書を統合する ・自分の言葉でノートを取る	・下線引きやハイライトをする ・コピー・削除操作を繰り返して要約をつくる	文章を黙って／声を出して読むが他に何もしない
ビデオを視聴する場合	・仲間と内容の根拠について議論する ・共通点や相違点を議論する	・ビデオで示された概念を説明する ・既有知識や他の教科書と比較・対比する	テープを停止・再生・早送り・巻戻しする。	ビデオを視聴するが何もしない。
知識変化のプロセス	仲間と交代でお互いに考えをつくり出す「共推論」(co-inferring)過程が起こる。新しい考えや，ものの見方の違い，新しい方向性などにも触れられる。	次のような"推論"過程が起こる。新しい情報と既有知識の統合。新しい知識に昇華するためにさまざまな情報の断片をつないだり，比較・対比したりする。	選択／強調された情報が既有知識やスキーマを活性化し，新しい情報がそのスキーマに適応される中で，"統合"のプロセスが起こる。	独立したかたちでエピソード的に情報が"貯蔵"される。他の知識との統合はない。
期待される知識の変化	仲間もそれまで知らなかった知識を協同でつくり出すことで，新しい知識や見方が生み出される。	新しく推論したことを用い，教材等に表現された以上の新しい知識をつくる。スキーマがより豊かになる。手続き的知識は意味や理論的根拠等により精緻化される。メンタルモデルが適応しスキーマは他のスキーマと結びつく。ものごとが機能する理由を説明して，手続きの条件に対する類推，一般化，振り返りをする。		新しい知識が貯蔵されるが，それは独立したかたちである。
期待される認知的な成果	共創：パートナーと一緒にさまざまな知識や見方を使って新しい知的生産物，解釈，手続き的知識・アイデアを生む。			記憶の再生：逐語的な知識の記憶再生が，ある特定の文脈のみで可能である。
学習成果	最も深い理解。斬新なアイデアを切り開く可能性。			最低限の理解。

るのであれば必要に応じて一時停止・早送り・巻戻しをするのがそれにあたります。文章を読んで学ぶ場面では，重要だと思った部分に下線を引くような活動が当てはまります。これらに共通するのは，学び手が自ら能動的に何らかの注意を向けるためにはたらきかけを行う点です。すると学び手は，自分自身がもつ**スキーマ**☞ 1.1節を活性化させて，重要性を判断したり，自分の既有知識と新しい情報を関連づけたりします。ですが，教師が教示して学び手がそれに従うだけでは，自ら注意を向けているとはいえず，どちらかといえば Passive モードといえるでしょう。

Constructive モードは，学び手が教示や教材を受け取るのに加え，何か新しい知識や表象を生み出す状態です。たとえば自分の意見やアイデアを考えたり，既有知識を踏まえてまとめ直した図表をつくったり，といった活動をすると，このようなモードにいたります。一般にこのモードの学びには**推論**☞ 2.2節が必要です。与えられた情報と既有知識を比較・関連づけ・区別・対比したり，分析的に理由を考えたりすると，推論につながり，Constructive モードになっているといえます。このモードにいたっているかを評価するには，学習過程で生み出されるさまざまな成果物や，話し合いの内容やプリントへの書き込み等の中に，自分の意見や解釈など，与えられた情報以上の内容が含まれているかを確認します。

Interactive モードは，誰かと何らかのやりとりを，言語活動をとおして（発話したり書いたりして）学ぶモードです。また，そのやりとりの内容が Constructive であること，互いにそうした内容を出し合うことが大切です。たとえば，学び手 A の意見に対して，学び手 B が自分のもつ知識を使って「それはこのようなことか」と精緻化する質問をしたり，面白いとか難しいとか評価をフィードバックしたり，新しい提案をしたりします。それによって A はさらに類推し，新たな発想をし，そのアイデアを B に提示したりします。それに対してまた B は応えます。このように学び手同士でスパイラルに推論を積み重ねるプロセスが期待されます。議論をすること（argumentation）は，Interactive モードを実現するうえで効果的です。話し合いの中で自分の立場を擁護したり，根拠を求めつつお互いを批評したり，質疑応答をしたり，説明をし合ったり，という言語活動をとおして，精緻化したり明確化したり，アイ

デアを向上するといった，より深い学びにつながります。逆に一人が説明をして，聞き手が「ふーん」と答えているだけのやりとりでは，こうした深い学びにいたることは難しいでしょう。質問やフィードバックを常に行える素地をつくることが大切です（協調の文化☞3.6節）。

■「深い理解」にいたるためのはたらきかけ

このようにみると，Constructiveモード以上であれば，「深い学び」といえるような深い理解にいたる学びに結びつくと考えられます。ですが，教師が「Constructiveになれ～！」と言っても，学び手がそのように学習するとはかぎりません。たとえば「この図に対して指さししなさい」という指示に従う学び手はActiveではなくPassiveですね。同様に「○○について話し合いをしなさい」と教示して班活動をさせるだけではInteractiveにはならないでしょう。

では，教師はどのようにはたらきかければよいでしょうか。実は難しく考えなくても大丈夫です。要は，学び手が自ら進んで何らかのかたちで学習対象について推論するように，教示や教材（ワークシート等）で問いかけるかたちではたらきかければよいのです。たとえば，学習した内容を説明させる**自己説明**☞2.2節も，「自分の言葉で説明しましょう」と指示すれば，自分の既有知識で言い換えるように促されますから，Constructiveモードにつながると期待できます。同様に，図や表やマップにまとめる，自分の言葉でノートにまとめる，質問をする，問題を提示する，さまざまな事例を比較・対比する，複数の文章に書いてある内容を統合して考える，計画を立てる，仮説や因果関係を推論する，予想をする，といった，本書で取り上げてきた方法ではたらきかけることで，Constructiveモードに結びつく可能性があります。また**自己調整学習**☞3.3節で使われる，理解の自己評価や，方略の振り返りを促すこともConstructiveな学びにつながります。このように，学び手が自然に推論したくなるようなはたらきかけの工夫が大切です。

なお，教室の学習では，自分の意見を言いにくい学び手もいます。ですが，一人ひとりの考えをアウトプットすると他の学び手が推論をはたらかせるきっかけになること，自分で考えをアウトプットすることでその知識に対する所有

感や達成感を感じられるという利点があり，これらを前向きに捉えて授業を設計・運営することが大切です。ただし，話し合いをいきなりスタートするのは難しいので，まず個人の考えを最初に手元のノートなどにまとめさせてから論点を明確にして話し合いをさせたり，たまにコンピュータ上でチャットしたり電子掲示板を使ったりすることで，自分の考えをまとめてから発言しやすくするなどの工夫は大切です（コンピュータのチャット（たとえば，LINE も携帯電話を使ったチャットのツールです）や電子掲示板は，わが国の教育現場ではほとんど用いられることがありませんが，欧米では一般的に使われています。特に米国では，移民の子どもたちの言語能力を補うことにも役立っています）。

　このように，学び手が自然と Constructive あるいは Interactive に学べるようにはたらきかけることが，深い学びを実現するうえで重要であることがわかります。

社会共有的調整学習

本節では，授業でグループワークを行う際に起こりがちな学び手同士の葛藤に着目し，それを克服するための**社会共有的調整学習**という「学習に対する姿勢」について解説します。

社会共有的調整学習が求められるグループワークは，メンバー同士が互いの考えを出し合い協同で問題を解決していく**協調学習**と呼ばれるものです☞ 3.4節。班で同じ問題に個々に取り組み，先にできた人が他の人に教えてあげるというのは，学び手同士が協同して課題に取り組んでいる状態ではありません。通常，協調学習で取り組ませる課題には，①課題構造を複雑あるいは不明瞭にすることで他者と協力することを必然とし，課題解決のプロセスや最終的に導き出された解が一人では到達が難しい深い理解を伴うもの，あるいは②創造的問題解決と呼ばれるような，唯一解がなくさまざまなアイデアを持ち寄って精査し，自分たちなりの解をつくり上げるものなどの特徴があります。後者の例としては遺伝子組み換え（坂本ら，2010）など科学技術の社会的問題や，これまでにないランプをデザインする（Hakkarainen et al., 2013）などの創造的な課題解決の実践事例をあげることができます。

■ グループワーク中に発生する問題：社会認知的問題と社会感情的問題

このような協調学習で学び手同士の間に起こる葛藤は通常，**社会認知的問題**と**社会感情的問題**の2つに分類されます。

社会認知的問題とは問題の発生が課題内容に由来するものです。ダムサら（Damşa et al., 2010）は，創造的な問題解決に成功したグループの活動データをもとに，その行動特性を知識とプロセスの2側面7項目に分類しています（表）。この分類から，協調学習における社会認知的問題を把握することができます。

学び手は課題が提示されると，その課題解決に必要な未知の事柄を自覚し（気づきの形成），提示された情報を検討しさらに必要な情報を集めます（知識不足の軽減）。さらに活動を進めるにつれ，グループ内で理解を共有し（理解

表 創造的な問題解決の成功グループにみられる活動特性（Damşa et al., 2010 より作成）

側面	行動の分類
知識関連	気づきの形成 知識不足の軽減 理解の共有形成 生産的な協調的活動
プロセス関連	計画を立てる 調整を行う 関係性への配慮

の共有形成），自分たちのアイデアをよりよくする活動（生産的な協調的活動）がみられるようになります。これら一連の活動は学び手が創出・共有する「知識」に関係するものです。その一方でこのような活動を円滑に進めるためには，計画を立て（計画を立てる），その実行をモニターし（調整を行う），グループ内の人間関係も良好に保たなくてはなりません（関係性への配慮）。

　社会認知的問題は，このような行動が適時適所で行われないことにより発生すると考えられます。この表を側面ごとに上から下へと見ていくと，問題解決のためのステップを順に追っていることがわかります。すなわちこれらの問題を，順を追って克服していくこと自体が，創造的な問題解決を成功させることにもなるのです。

　一方，社会感情的問題とは文字通りグループ内で起こる感情的な問題のことです。「作業を分担したのに担当をやってこない」「話し合い中に他のことをしている」「課題の取り組み方で意見が対立する」などの問題は，経験したことがある人が多いのではないでしょうか。ダムサら（2010）の表でも関係性への配慮として同定されている社会感情的側面に着目したのがヤルベノーヤとヤルベラ（Järvenoja & Järvelä, 2009）です。彼らは，グループワーク終了後の学び手に質問紙調査を行い，どのような社会感情的問題に直面していたのかを5因子に分類しました。5因子とは個人的な優先事項（優先事項や目標の相違），作業とコミュニケーション（作業に関わる進め方や接し方の問題），チームワーク（作業への貢献具合や立場に関する問題），コラボレーション（課題の理解や解決方法に関する相違），外的制約（個人がもつ課題以外の影響）です。グループ

の中でこのような問題が発生すると，学び手同士の人間関係を悪化させ課題への取り組みにも影響を与えるため，感情面での適切な**調整**が必要です。一般に協調学習では社会感情的問題が起きやすく (Järvenoja & Järvelä, 2009)，また前述の社会認知的問題が引き金となって社会感情的問題が発生しやすい (Darnon et al., 2006) ともいわれています。

◻ 協調学習における学習の調整

このように，協調学習中に起きる社会認知的・社会感情的問題は，学び手同士がそれらの問題に気づき，自分たちで適切に「調整」して解決することが望まれます。しかし，個人学習を想定した**自己調整学習** ☞ 3.3節 の考え方では，学び手同士の関わりや，複雑・創造的な問題解決で前提となる目標の共有を踏まえた調整を扱うことができません。そこでミラーとハドウィン (Miller & Hadwin, 2015) は**学びの調整**を協調学習にまで拡張し，**相互調整学習**（共調整学習とも呼ばれる）と社会共有的調整学習というレイヤーを示しました。

協調学習には**集団的認知責任**（collective cognitive responsibility）が伴います ☞ 第3章 Column。自分だけやるべきことをきちんとしても（**自己調整**），メンバーがうまく取り組めなければ学びは成功しませんし，その逆もまた然りです。そこで，互いに補い合い，相手の学習活動がうまくいくよう何かしら介入したり助けたりすることが必要になります（協調学習の調整 ☞ 3.4節）。さらに，グループで難しい問題に取り組み学習成果を上げるためには，そのグループが一つの**学習共同体** ☞ 2.5節 としてお互いの行動や**動機づけ**，そして感情を調整することが不可欠です。グループ内で目標を協同構築し，計画を立ててその方略を考え，活動をモニターし評価して最適化するよう調整する，という繰り返しをグループの目標達成のために行う姿勢が**社会共有的調整学習**なのです。

このような社会認知的・社会感情的問題は，学び手が主体的・対話的に課題解決に取り組もうとするからこそ出てくるものです。そして，これらの問題を学び手自身で適切に調整し解決していくこと自体もまた学びの対象です。しかし，実際には必ずしも自力で解決できるとはかぎらず，課題解決が困難になる場合もあります。したがって，教師にはグループでどのような社会認知的・社会感情的問題が発生しているのかを把握し，必要に応じて適切な支援を行うこ

とが求められます。大島ら (2006) では，グループの状態をどう見極め，どのような支援を行うべきかを教師やメンターが検討・実行した結果が紹介されています。個々の学び手の特徴を見極め，質の良い学習活動を引き起こすための支援は状況に応じてさまざまで，こういうときには必ずこうすればよいといった常套手段はありません。時には支援をせずに見守ることで自力解決を待つことも必要です。なぜなら学び手自身による解決は，彼らの調整能力を高めることになるからです。

リフレクション

◼ リフレクションとは？

　学習科学の研究の中で大きなトピックの一つが**リフレクション**（reflection）です。日本語では，「反省」「省察」「振り返り」などと呼ばれています。翻訳する人によって好む言葉が違うようです。みなさんに最も馴染みがあるのは「振り返り」でしょうか。「反省」という言葉は『反省的実践家』というタイトルで本をご覧になったことがあるかもしれません。「省察」はどちらかといえば専門的な用語です。このリフレクション，簡単に言えば，学び手が行っている（あるいは行った）行動に対して，それをよりよい方向へ改善するために自ら考えることを意味しています（Schön, 1984）。

　リフレクションは，なぜ学習科学研究の中で大事な研究テーマなのでしょう？　それには大きく2つの理由があります。第1に，**人はそれほどリフレクションをしない**のです。いつも反省してばかりして生きる人はそうはいません。気も滅入るし，先を見たほうが楽しいのです。ですので，「喉元すぎれば熱さ忘れる」で，同じ過ちを繰り返してしまいます。耳が痛いと思う方も大勢いらっしゃると思いますが，多くの人はそうです。ですが，本当はリフレクションをしなくてはならないタイミングでリフレクションするようになれば，間違いなくものごとは今までよりはうまく回るようになるはずです。第2に，みなさんがリフレクションをするとします。このリフレクションの仕方も，いろいろあって，**うまくできる人とそうでない人がいます**。「今から，あなたのこの1週間を振り返ってみましょう。そして，次の週に活かしましょう」と話しても，何をどのように振り返るか，そして次の週に活かすかはそれぞれ違います。ですので，リフレクションをしないよりはしたほうがいいのですが，その仕方が間違っていると効果が出なかったり，あるいは悪影響を及ぼしてしまうことも考えられます。このようにリフレクションとは，人間が自分の学びをうまく進めていくために必要な能力なのですが，それをきちんとできるようになるためには適切な教授設計が必要なのです。

■ リフレクションの仕組み

では，うまくリフレクションできる人はどのように自分の学びを振り返っているのでしょう？　反省的実践家と呼ばれる人々を対象に行った研究の成果からわかっていることをまとめておきましょう。さまざまな高度職業人（医師，弁護士，教師など）の行う反省的実践（リフレクション）は二重ループ構造をもっていることがわかっています（Argyris, 2002）。その一つが小さなループで，**行為の中のリフレクション**（reflection-in-action）と呼ばれるものです。たとえば，教育実習生が研究授業を行うことを例にとって考えてみましょう。彼らは現場の指導教員の指導のもとに，研究授業の指導案を完成させます。そこでは，「教師のはたらきかけ」そして「児童・生徒の予想される反応」というのが一般的には記述されています。この授業実践の青写真をもとに，実習生はどのように授業を展開するのでしょう？　彼らの多くは，「指導案どおりに授業を進める」能力が卓越した教師のもつ力だと勘違いしています。ですので，授業の進み具合を，指導案をちら見しながら間違いなく進めようとするのです。そういった授業実践の中で，実習生は指導案上で自分の立てた目標がきちんとクリアされているのかをチェックし，時間的に遅れているようであれば「先を急ぐ」という新しい方策を考えます。こうした授業実践という行為の中で繰り広げられる，「自分の立てた目標に対して行われるリフレクション」を行為の中のリフレクションと捉えます。

次に大きなループです。こちらは**行為についてのリフレクション**（reflection-on-action）と呼ばれるものです。たとえば，教育実習生が自分の研究授業を終えた後，その問題点をさまざまな角度から捉え直して「次に授業を設計するときにはどんなことに気をつけよう？」「そもそも授業はその時次第なので，計画したとおりにはうまくいかない」といった広い観点からの理解を促進するものです。こうした行為についてのリフレクションは，研究授業の後の事後反省会などでいろいろな観点が話題となるものですが，そのどれくらいを教育実習生がものにできているかは定かではありません。先ほどお話ししたように，「喉元すぎれば熱さ忘れる」のですから，言われるときには真剣に話を聞いているように見えても，それが済んでしまえばほとんどのことを忘れ去って同じような指導案を作成し，同じような失敗を繰り返すかもしれません。

こうした観点から考えると、最初に上げた問題の「なかなかリフレクションしない」というのは、行為についてのリフレクションのことをおもに指しており、「うまくリフレクションできない」というのは前者の行為の中のリフレクションも含めて考えられるべきことなのかもしれません。

▌リフレクションを育む教授法

リフレクションを育むためには、それを学び手自身が行い、教師が支援しながら少しずつうまくできるようにしていってあげなくてはなりません。そのための方法を学習科学研究ではいくつか見つけています。その一つが**自己説明**☞ 2.2節と呼ばれるものです。特に具体例を用いた学習などでその効果が見いだされています。いわゆる例題を学習するときに、その学びという行為の中のリフレクションをうまく行えるようにするためのものです。「これまで書かれていたことをまとめると何がわかる？」「この先には何か書いてあると思う？」「今自分がわからないと思っていることはどんな情報があれば解決する？」といったような文章を読み解いていくときに考えるべきポイントを自分に対して問いかけ説明してみるのです。こうした研究からわかっている学び手のリフレクションの上達は、大きく2つに分けることができそうです。一つは、「**リフレクションをやろうとするようになる**」段階です。ふだんの学びの中でリフレクションをする癖がついていない学び手にとって、リフレクションは奇妙な行為です。しかし、それをとにかくやることを義務づけていると、やらなかったときよりもやっていたときのほうが、学びがうまくいくことがわかります。こうした「やらされる」自己説明が、そのうち「自然と行う自己説明」という活動になっていくと、学びは以前よりも伸びが大きくなってきます。

もう一つのリフレクションの上達は、「**より適切にその説明を行う方法を教えてあげることで学習成果の伸びが向上する**」段階です。自己説明すべき内容は学びの場面によって異なるでしょう。より場面に適した自己説明の仕方を、学習内容に合わせて整備すると、勝手に自己説明させるときよりも学習が進むこともわかっています。こうした学習内容に合わせた自己説明の仕方とは、よりできる学び手が行う自己説明の仕方を調査して、それをうまく利用することで設計することができます。

自己調整学習場面でのリフレクションを伸ばす方法も基本的には同じ方策ですが，こちらはより長期的な学びの場面を取り扱うことが多いことから，その場その場での自己説明というよりも，コンピュータのエージェントなどを利用して対話形式で行うようなものが開発されています。リフレクションが必要だと思ったときに，学び手が自分を助けてくれるエージェントをコンピュータの画面に呼び出して，そのエージェントと対話しながらリフレクションを行うような形態と，学び手がリフレクションをしたほうがよさそうなタイミングをコンピュータが見計らってエージェントを出現させ，リフレクションさせる時期を気づかせるような形態のものがあります。いずれでも，自己説明のときであれば事前に教えられたやり方を，エージェントがその場で，対話形式で聞いてくれるようなものであり，人間の考えに対する気づきやその吟味を深めていくための方法としては類似したものです。

足場かけ

■ 足場かけとは？

足場かけとは，一人では成し遂げられない目標や実践への参加に対して，適切な援助を与えて課題達成を可能にすること，または，課題達成を可能にする支援のありようを指します。工事現場などで高所作業のために仮設置される「足場」を比喩として用いたものです。建物が完成すれば，この足場が解体されるように，一人で達成できるようになったときには，支援は不要となります。この支援を徐々に，段階的にのぞいていく過程を**足場はずし**（fading）といいます。

足場かけという概念の初出は，1976年のウッドらによる研究（Wood, Bruner, & Ross, 1976）となります。ヴィゴツキー（Vygotsky, L. S.）による「**発達の最近接領域**」を理論的手がかりに，ウッドらは，幼児の発達過程を研究する中でその子どもに付き添って学びを支援するチューターの関わり方に着目しました。そして，チューターの介入が子どもの発達段階によって異なり，影響を与えることを指摘し，その介入過程を**足場かけ**（scaffolding）と名づけたのです。具体的には3，4，5歳の幼児がブロックを積み上げていく際に大人が介入する様相を分析しています。その介入は，学び手の能力を超えるような課題に出くわしたときに，自分でできる範囲のことができるように大人が要素を調整し，集中させることによって課題解決を成功させていくというものでした。問題解決やスキル獲得を支援するチューターの機能，および手続きのモデルとして示されました。

構成主義に立脚する学習科学では，学び手が主体的に**知識構築**に携わる様相を深い学習として想定しており，その深い学習を促進する支援のあり方として，足場かけを捉えています。そのため，何らかの知識を教授し憶えさせたり，まずはやり方をみせてそれを真似させて習得させるという教授方法を重視するのではなく，学び手が直面している課題や目標に向かって取り組んでいる中で，自力で理解したり，課題解決ができるように，適度なヒントを与えたり，きっかけをつくる学習支援や学習環境のあり方に重きを置いています。特に学習科学領域では，学習支援に関わる関係性や学習環境を概念提示された当時より

も，あえて広範に捉え学習環境デザインの原理として適用される動向がみられます。

■ 誰（何）が足場かけをするのか？

従来，足場かけは学習を支援する教師や熟達した仲間によって行われるものとみなされ，どのような足場かけがあるのか，そのメカニズムが検討されてきましたが，近年，教師－学び手といった二者関係以外にも，学び手同士の相互作用や互恵的な関係の中で生じる学習過程や学習環境でみられる「足場かけ」に着目した研究もみられるようになってきました。

まず，誰が足場かけをするのかという視点に立つと，初期における足場かけでは，"より有能な他者"があげられます。この中には教師も含まれます。協調的に学習を支援することによって，より高度な内容の理解や問題解決が行えるようになるという研究があります。より有能な他者がチューターとして「**モデリング**」したり，実行を支援することをとおして，学び手は支援されながら，実際にその方略や問題解決を実行して成功していきます。そうした実行と成功をとおして，学習対象の理解が深まることにつながるというメカニズムがそこにはあります。また，まだ見通しがもてない学び手にヒントを出したり，指示を出したりするようなはたらきかけ（**プロンプト**）をすることも足場かけです。こうしたはたらきかけをとおして，学び手は見通しをもったり，自らの学びをコントロールできるようになっていくという学びが期待されます。自らの学びがコントロールできたり，自力で問題解決ができるようになっていくと，理解が深まり，徐々に支援の必要がなくなっていく（＝足場はずしができる）というわけです。

足場かけをするのは，教師や有能な他者にかぎらず，学び手を取り巻くさまざまな環境に埋め込むことができます。学び手同士が相互に教授し合ったり，協調的に問題解決に挑むような場面や教室文化を構築することによって，学び手の間で足場かけを他者に対してすることができますし，他者の発言や観察によって足場かけを得ることができます。こうした**相互教授法**（reciprocal teaching）を学習活動のデザインとして用いれば，その活動が学習を進捗させる環境となり，足場かけを生み出すことになります。さらに，そういった環境

は足場かけを意図したツールの使用によっても構築できます。

近年では特にテクノロジを活用した学習環境にも注目がなされています。ソフトウェアなどで生産的でない作業の負荷を下げたり、学習に効果的な方略（明確化、可視化、質問生成、ヒントの提示など）を適時性をもって提供するといったことも可能になります。たとえば、ベライター（Bereiter, 2002）は Knowledge Forum と呼ばれるソフトウェア上の学習環境を構築しました。これは、科学者共同体での知識構築の過程をモデルとし、協働して、相互に批評し合うことで知が高まるように足場かけを施したものです。学び手が自らの考えを書き込む際に「私の理論」や「理解する必要があること」「新しい情報」とった書き出しがプルダウンできるように設定されており、その書き込み（アイデア）は発展的に相互利用でき、集団での知の創発に貢献するように設計されています。ここで書き込まれたアイデアは書き込まれた順番が重要なのではなく、必要に応じてそれらを表示して比べたり、見渡すことで新たな知を創発し、構築していくプロセスが想定されています。アイデアの活用に柔軟性をもたせて学び手が自律的にそのアイデアを知識構築に提供できることを意図しています。

■ 教師の役割再考

深い学習を促す足場かけをどのように教師が提供しうるのかを考える際に、学び手は、どのような課題にどのようにつまずくのか、どのような支援が必要かといったことを考えることになります。

たとえば、クィンタナら（Quintana et al., 2004）では、科学的探究をテクノロジを用いて進める学習過程において、学び手が課題をどのように認識し、理解し、問題解決に臨むのか、という点に着目して、科学的探究への足場かけを行うために着目すべき要素を次のように示しています。取り組む課題や分析しているデータがどういうことを意味しているのかがわかる「意味生成（sensemaking）」、自らの思考を精緻に捉え表現し、学習過程やその解決策を見直す「明確化と振り返り（articulation and reflection）」、今学び手自身が問題解決や探究のどのようなプロセスや局面にあり、そこからどのように行動を調整したり、組織化したりするかという「プロセス・マネジメント（process management）」の3つです。さらに、足場かけを行う際のガイドラインを設

定し，具体的な教師の支援のあり方を示しました。

　教師が直接的に学び手に与える支援の他に，学習環境やツールといった間接的な支援が考えられます。近年，問題解決をとおした学びや探究を学習方法とした学びのあり方が期待され，よりダイナミックな学びが展開されるようになりました。その学びの期間は中長期的であり，示された手順を踏めば解決するような単純化した問題よりも，社会的な問題であったり，複雑な事象を扱いながら進める学びになります。こうした問題解決や探究には，適切な足場かけが求められ，教授とは異なる「緩やかなガイド」や，学び手が自らの活動をコントロールしながら適切に眼前の課題を理解して解決に向かえる支援が必要となります。探究や問題解決による学習を成功させるには学び手にとって適切な程度の課題設定とともに，問題構造やチュートリアルによるプロセスの提示，課題遂行途中において行う助言としてのコーチング，言語化を行い思考を明確にすることの促進（ルー・ブリッジス・メーローシルバー，2016）といった役割が指摘されています。こうした学習支援のあり方は，知識技能を教えて習得させるのに効率的な教授法とは異なる教師の関与のあり方を具体的に示しているといえます。

構成主義・構築主義的な実践

■ ものづくりをとおした学習

　ピアジェ（Piaget, J.）によって創始された**構成主義**と，パパート（Papert, S.）によって提唱された**構築主義**（Papert, 1980）の考え方から，学び手が主体的に構成した知識を具体的な人工物として構築していくこと（外化☞2.1節）が学びのあり方として重要であると理解されるようになりました。そして，このような学びが行われるような学習環境をデザインすることが重視されました。芸術教育における学びでは（ハルバーソン・シェリダン, 2016），教師と学び手がともに知識を**外化**しながら人工物をデザインし，外化されたものについて議論しながら協働的につくり上げていくという分散的なアプローチを背景にした学習活動が行われるようになりました（Kafai, 2006; Papert & Harel, 1991）。そして，さまざまな領域で人工物をデザインし，つくり出していく学習過程が重視され，学習過程を研究することが重視されるようになってきました。

　学び手が課題を解決するとき，具体物を操作し，新しい発見をしながら楽しく学習できる環境や，他者と協働しながら頭の中にもともとあった知識と，新しい知識を結びつけるような物理的環境が，学びの文化として大切にされるようになってきました。このような学習環境を整えることによって，学び手は主体的に学習活動を行うようになり，一方，教師は知識を教え込むのではなく，学び手の学びを支援する役割へと変化しています。

　人工物をデザインし，つくり出す過程において，学び手は道具を活用します。デジタルメディア・アートの学びでは，コンピュータやプログラミングを道具として活用しています（Clark & Sheridan, 2010; Peppler, 2010）。道具として，コンピュータやプログラミングを活用することにより，人工物をデザインし，つくり出す過程が逐次記録され，学び手がどのように人工物を作成したのかが明らかになります。この知見を明らかにすることによって，次の学びを支援するための方略が確かなものになっていきます。

6.7 構成主義・構築主義的な実践

■ プログラミング教育

　パパートは，Logo というプログラミング言語を用いて，アニメ化された亀を動かすプログラミングを開発しました。学び手は数学的な考え方を用いながら，コンピュータと双方向的にやりとりし，課題解決を行う取り組みを研究します。プログラミング教育を行った結果，学び手は学習したさまざまな結果から共通的に考えられることを発見するなど，プログラミングの過程を帰納的に新しい知識として構築できることがわかりました。そして，プログラミングがうまく実行されないときに，何度も修正をしながら試行を繰り返すデバッグ（debug）を行うようになります。プログラミング教育では，このような振り返り活動が自然と誘発され，誤りに気づき修正するという学習過程がみられるようになりました。

　プログラミング教育は，コンピュータの画面上で行われるソフトウェアによる学びと，ロボットなどを作成して自分の思いどおりに動かすような，より具体的なものを扱う学びがあります。プログラミングのソフトウェアは，子どもでも視覚的に簡単に開発できるビジュアルプログラミングが開発され，マサチューセッツ工科大学が開発した Scratch をはじめ，MOONBlock，プログラミン，VISCUIT，Google Blockly などが代表的なものとしてあげられます。

　一方，ロボットプログラミングでは，LEGO マインドストーム EV3，レゴ®WeDo 2.0，MESH，ソビーゴ RP1，embot，アーテックロボなどがあります。

Scratch の画面（https://scratch.mit.edu/）

Maker Faire のイベント（https://makerfaire.com/）

また，Arduino, micro:bit, IchigoJam などのように，さまざまな用途に合わせて，基板からつくり上げていくものもあります。

　ものづくりをとおした学びでは，成果物を他者と共有する活動が，新たな知識を構築することに役立つことを述べました。プログラミングにおいても，成果物の質の向上を目指して，さまざまな共有の場が設けられています。たとえば，Scratch は Web 上で成果物を共有することができます。LEGO 社ではオリジナルロボットの質の高さを競い合うコンテストを行っています。また，"Maker fair" と呼ばれるイベントがわが国はもちろん，世界中で実施され，子どもから大人まで，作成した成果物を直接共有できる場が設けられています。

　諸外国では，プログラミング教育を教科に位置づけ，小学校段階から学ぶ国が増えてきました（太田・森本・加藤, 2016）。わが国では，2020 年度から小学校のプログラミング教育が必修化され，第 5 学年の算数の正多角形の単元と，第 6 学年の理科のエネルギーの単元，および総合的な学習の時間にプログラミング教育が導入されます。パパートの Logo によるプログラミング教育では，数学的な思考を伴う内容が埋め込まれていました。昨今では，科学（Science），技術（Technology），工学（Engineering），芸術（Art），算数・数学（Mathematics）の学習内容を埋め込みながら人工物をつくり上げていく STEM/STEAM 教育が着目されています。このカリキュラムをどのように行い，教員の指導力を高め，成果を評価していくかがわが国の課題であり，学習科学の目標でもあります。

Chapter

第7章

新しい学びの
評価手法と考え方

深い学びの評価

　学びの評価を考えたとき，教員の日常業務を踏まえて気になるのは，まず「深い学びをテストでどう成績評価するか？」「受験勉強に役立つ評価は？」ということかもしれません。もともと教育評価の考え方は，学び手の準備状況の確認をしてどこから学び始めるかを決定したり，学習成果を確認したりという点に重きが置かれてきたので，そのように学びの評価を捉えることは自然なことです。

　ですが，「深い学び」を評価するのに，本当に，穴埋め式テストや択一式テストで知識の習得を問い，点数をつけることが適切な方法でしょうか。おそらく点数をつけることだけが目的であれば，そうしたテストを使うのかもしれません。また，現状では，入学試験や入社試験などの，人生の進路を左右するテスト（**ハイステークステスト**といいます）が変わろうとしている時期ですので，従来型の記憶再生を求めるようなテストへの対策も重要かもしれません。ですが，知識の"貯蔵"ができているかどうかを評価するだけならば，実は**Passive モード** ☞ 6.3節 の学びをすればよいことになるのですが，これからの変化の激しい時代の中で，知識を活用したり創造したりして生きていく人材を育成する，**Constructive モード** ☞ 6.3節 以上の深い学びが生じていることを評価するには，従来型のテストは，しだいに有効ではなくなっていくであろうことは想像できます。

　現在は，一人ひとりの学び手が現実にどのように発達し，どのような能力や特性，資質をもっているのか，またその変容をみてとり，どのように伸ばしたり，直したりしたらよいかを考え，次の課題提示や指導に役立てていくという目的の**学習者中心の評価**の重要性が指摘されるようになっています。学習科学では，かなり細かい粒度で学びをみとったうえで，その学びをよりよくしようとする試みが行われています。学習科学の一領域である**学習分析学**（learning analytics） ☞ 7.2節 では，学び手の一言一句，一つひとつの行動を捉えて分析することで，よりよい学びを支援する方法を検討しています。

　本節では，こうした背景の中で，教師が現実的に学び手の深い学びの様相を

みとるための手立てについて考えていきます。

◼ 学習者中心の評価：評価の三角形

　教育評価を行ううえでは，何の目的で，何を評価するかを考えることが大切です。「成績をつける」ことが目的であれば，これは教師の業務遂行が目的ですので，**教師中心**ですね。何を評価するかも自由に決められます。学習者中心の評価を考えるうえでは，学び手の何のために行うのか（学び手がその評価をもとにどうなってほしいのか）を考えるのが大切です。

　一度の教育評価で，学び手をあらゆる角度から評価することはできないということも，教育評価を行ううえで意識することが大切です。ペレグリーノらは教育評価の特性を，図1のような三角形で表しています（Pellegrino, Chudowsky, & Glaser, 2001）。この**評価の三角形**において「**認知**」とは，教える内容について教師がもつ認知的側面のことです。どのような内容を教えるべきか，どのようにその知識を表せばよいか，どのように能力を高めるかに関する理論や実践知，目の前の学び手を踏まえてどのようになりそうかという仮定など，さまざまな要素が関係します。これらをもとにして，学び手に対して何らかのはたらきかけをして「**観察**」をします。ここで大切なのは，学び手が目標となる知識やスキルをもっているかどうかを示すパフォーマンス（発言・行動・記述内容・制作物など）が適切に生み出されるようなはたらきかけがなければ，適切に学び手の学びをみとることができないということです。これは，「認知」の側面で教師が仮定した学びの姿が現れるかどうかを評価するということにもなるので，指導と評価を一体的に考える必要があります。最後に，「**解釈**」ですが，これは観

図1　評価の三角形（the assessment triangle）

察された証拠（学び手のパフォーマンス）をもとに，教師がもつ「認知」を使って，なぜそのような学びが生じたのか，仮定していた学びの姿や**ラーニング・プログレッションズ** ☞ 4.5節 とどのように異なるのか，どうすれば改善できそうかを検討することになります。このように，学習者中心の評価では，学び手が何をできて，何を知っているかについて，教師が合理的に推論できるように，学びの証拠となるさまざまなパフォーマンスを観察できるようにすることが大切です。また，このように評価することで，教え方（はたらきかけ）の改善に結びつけることができます。

ICAPフレームワークを応用してルーブリックをつくる

このような学習者中心の評価の考え方を踏まえて，**ICAPフレームワーク** ☞ 6.3節 で表されるような深い学びの程度を評価するには，単にテストの成績をみたりするだけでは困難です。前述のように，授業の中で深い学びのモードを実現できるように教師が適切にはたらきかけ，それに対して学び手が想定される学びの姿を実現しているかを観察・評価することが大切です（望月，2017）。

そこで有効な手段の一つとなるのは**ルーブリック評価**です。**ルーブリック**とは，学習到達度を示す評価基準を観点と尺度からなる表として示したもので，おもにテストでは測りにくいパフォーマンスの評価や，高次の思考過程を評価するために使われています。教師が深い学びにいたるための何らかの手立て（発問，ワークシート，課題提示など）に対して学び手がどのようなパフォーマンスを行ったらよいかをあらかじめ整理しておけば，評価がしやすくなります。

図2は，ICAPフレームワークに基づいたルーブリックの例です。このルーブリックは，小学校理科の「流れる水のはたらき」の授業で，流れる水がどのように侵食・運搬・堆積を生じさせているかを，子どもたちが砂場で実験し，ビデオ撮影したものを，パソコンを使って2人ペアで観察する授業で，学びの深さがどのように表れているかを評価するためにつくられました。このように整理することで，Interactiveモードを実現するためには，学び手が単にビデオを漫然と視るのではなく，どのような現象が生じているのかを主体的に観察し，なぜその現象が生じているのかを考えてもらうように，教師がはたらきかけることが大切なこともわかります。

7.1 深い学びの評価

【小学校理科の見方・考え方】
身近な自然の事物・現象を，質的・量的な関係や時間的・空間的な関係などの科学的な視点で捉え，比較したり関係づけたりするなど，問題解決の方法を用いて考えること

（例）　学習する知識　侵食・運搬・堆積（小学校理科第5学年：流れる水の動き）

	Interactive	Constructive	Active	Passive
（例）実験を撮影したビデオを視聴する場合	2人で，流れる水のはたらきの様子のビデオを視聴しながら，水のはたらきの根拠について相互に説明したり，共通点を確認したりする。【各教科の「見方・考え方」をはたらかせるための手立て】話し合いの際に見いだした根拠をもとに説明することを促す。	流れる水のはたらきの様子のビデオで示された水のはたらきの現象（侵食・運搬・堆積）を発見し，再生・停止しながら説明する。【各教科の「見方・考え方」をはたらかせるための手立て】時間の経過とともに，状態変化を確認して，何と似た現象かを説明するように促す（ワークシートに記述）。	流れる水のはたらきの様子のビデオを停止・再生・早送り・巻戻しする。	流れる水のはたらきの様子のビデオを視聴するが，他には何もしない。
期待できる知識変化のプロセス	仲間と交代でお互いに考えをつくり出す「共推論(coinferring)」過程が起きる。新しい考えや，ものの見方の違い，着目した現象や根拠，新しい方向性などにも触れられる。	流れる水のはたらきについて，侵食・運搬・堆積の現象を質的関係や時間的・空間的な関係などの科学的な視点で捉え，実際の映像とともに説明し，一般化する。	流れる水のはたらきについて，侵食・運搬・堆積のいずれか，あるいはすべての現象に気づき，これらの根拠となる現象を発見する。発見した流れる水の複数のはたらきと現象の関連性が"統合"されるプロセスが起こる。	流れる水のはたらきについて，侵食・運搬・堆積のいずれか，あるいはすべての現象に気づく。気づいた現象は貯蔵されるが，3つの現象（知識）との統合はない。
期待される具体的な学びの姿	パートナーと一緒に，侵食・運搬・堆積の現象を質的な関係や時間的・空間的な観点から抽出した根拠に基づいて説明し合うことで，なぜ侵食・運搬・堆積が起きるのかについて，3つの現象を総合した共同的な理解や新たな仮説が生まれる。	流れる水のはたらきについて，侵食・運搬・堆積の現象を，質的な関係や時間的・空間的な観点（現象を科学的な視点で）捉えることができる。既有知識との関連（手の汚れを洗うと水が濁る，洗った後の排水溝に泥がたまる）を説明している。	ビデオを停止・再生・早送り・巻戻しを繰り返しながら，流れる水のはたらきの「侵食・運搬・堆積」の現象を発見する。	流れる水の現象を目で追って，水が土に与える現象を観察する。

図2　小学校理科「流れる水のはたらき」の授業におけるルーブリックの例

　このルーブリックの作成で大切なのは，ConstructiveあるいはInteractiveな学びを実現するうえで，学び手が**各教科の見方や考え方**をはたらかせているかを評価することです。また，教科の学びを深めるには，理科であれば科学的なものの見方，数学であれば数学的なものの考え方，国語であれば国語的なも

のの考え方，歴史であれば歴史的思考力をはたらかせた**推論**を，教師が促せていたかどうかを評価することは重要です。そこで，教科の見方・考え方を使った推論を学び手がはたらかせられるように，教師はどのような手立てを講じるのかを，【各教科の「見方・考え方」をはたらかせるための手立て】として明記しつつ，各モードで生じる知識変化のプロセスや具体的な学びの姿を，事前に仮定して記述しておきましょう。こうすれば，教師が手立てを講じた場面における学び手のパフォーマンスを捉えやすくなるうえ，そのような評価に必要なはたらきかけ（学び手にワークシートに記述させる，発表させる等）を整理できます。場合によってはパフォーマンスを促すために，学び手と内容を相談することもあります。

　実際の評価においては，ルーブリックで示した各モードの思考について，当てはまるような発話や記述があるかどうかを分類していきます。こうした作業をコーディングといいますが，要は期待する学びの姿の証拠となる発言や記述を分類する作業です。コーディングの最初の段階では，明確に発話や記述を分類することは難しいので，各モードで期待される学びの姿の具体例となるような発話や記述の例を探していき，少しずつ具体的にしていきます。どちらか判断がつきにくいものもきちんと記録し，区別をする判断基準を考えていきます。このように，具体例を見つける一次的な評価作業で，事例として判断基準となるものとして選び出されたものは，**アンカー作品**といいます。アンカー作品を抽出することで，ルーブリックで表された学びの姿を具体例とともに示すことができるので，最終的にそのルーブリックに基づいて誰でも同じように評価できる（＝客観性を担保する）ようになります。

学習分析学

◼︎ 学びを分析する方法を開発する

「教えたことをこの子たちはきちんと理解しただろうか？」という私たちの疑問は，単元終わりのミニテストや学期末テストと呼ばれる結果によって判断されます。これはご存知のとおり**総括的評価**と呼ばれるものです。これに対して，学びの途中で「この子はどうも私の言っていることを誤解しているような感じだな。もう少し違う手立てをしてみよう」という判断にいたるために教師が教室で行う評価は**形成的評価**です。

分析とは，どちらの評価においても，「どうしてそうなったのか」の疑問に答えるためのものです。多くの実践場面で，この分析を行うことは容易ではありません。それぞれの学び手の学びを逐一押さえて，それぞれにあった指導方針を考えたり，声がけをするのは「今のところ（1クラス30名を超える人数では）不可能に近い」と考えてもいいでしょう。しかし，将来的にそれぞれの学び手の学びの向上を目指すためには，この「どうしてそうなったのか」の疑問に答える必要があります。そして，この疑問に対して明確な答えが導き出されれば，より多くの学び手を満足させることができる授業設計が可能となるのです。学習科学の研究者たちは，この「どこまで理解したかな？」という疑問と，「どうしてそうなったのかな？」の2つの疑問を対象にしています。日常の教室場面で展開する学びに関して，それを分析するときには，ビデオや音声といった学習活動中の情報を収集したうえで，その中で行われている対話を正確に文字に起こし，その内容を細かく解釈していくことが多くなります。時間もかかるので，そうそうすぐに教室の教師に対してこうすればいいという結果をお返しするのは難しい状況にありました。

◼︎ 学習分析学という新しい領域

こうした現状を打開しようと，**学習分析学**（learning analytics）という学問領域が盛んに研究を行っています。その背景には，以前と比べて学びの活動そのものを捉えるデータ収集技術が豊富かつ緻密になってきたことがあります。

また，学びの活動自体がオンラインで行われるようになったことも大きな要因の一つです。

● **オンライン学習環境での学びの分析**

　Massive Open Online Courses（MOOCs）というオンライン講義が現在世界的に大学のカリキュラムを変革しようとしています。人気のコースとなると，数十万人の人が受講します。とても大学の講義室ではまかなえない数です。このMOOCsが現在学習分析学の分析対象の最たるものだと言ってよいでしょう。なぜなら，MOOCsの講義の履修達成率は驚くほど低いのです。下手をすると数十万人受講しても，ほんの数％の人しか最後まで生き残れません。本当に勉強しようとしている人たちに対して，適切な形成的評価を返せていないというのが大きな原因の一つです。通常のキャンパス内の講義であれば，学生の様子を見ながら教授は自分の講義のスピードを変えたり，内容を修正したりすることができます。しかし，ビデオ講義を主体として，質疑応答も受講生自らが積極的に行おうとしないかぎり派生しないような「薄い」コミュニケーションが想定されてきたMOOCsにおいて，こうした「肌感覚で捉えることができる」形成的評価は実在しませんでした。しかし，きちんと受講生を形成的に支援し，それによって「向学心の強い」受講生の脱落率を減少させることは，公的な高等教育機関としての大学が今後果たしていかねばならないミッションの一つです。ですので，「どうして脱落してしまったのか」の分析であるとか，「生き残れた人はどんな学び方をしていたのか」といった分析が必要となっています。

● **多様なデータ収集による対人場面の学びの分析**

　では，通常の話し言葉が主体となる対人場面での学びの分析はどうでしょう？　こちらもデータ収集の方法や種類の拡張をとおして，これまで以上に多様なデータの分析が可能となっています。オンライン学習環境の自動的なデータ収集とは異なり，時間と手間がかかる分析ですが，これまで以上に緻密なデータの収集が可能となり，新たな発見が期待されている研究領域です。たとえば，話し言葉の音声情報の認識技術が格段に進んできていますので，その情報を自動的に文字に起こすことが将来的には可能となるでしょう。そうすれば，オン

ライン学習環境でのコミュニケーションデータと同様，すぐに分析可能なデータセットをつくることができます。また，非言語行動も同様です。IoT 技術などの応用として，学び手の物理的行動の変化を，リモート・センシング技術を用いて収集することもできるようになってきています。

■学習分析学の成果を形成的評価としてどう返すのか？

学習分析学は，私たちが自分たちの目で見てわかる学びの軌跡以上のものを，その分析眼をとおして私たちに提供してくれます。そうした新しい分析眼は，学びの形成的評価をどのように手助けしてくれるのでしょう？　ここでは，最近学習分析学の中で注目されている**社会ネットワーク分析**での学びの捉え方についてご紹介しましょう。

対話の社会ネットワーク分析を行うツールに KBDeX（Knowledge Building Discourse Explorer）と呼ばれるものがあります。このツールは，文字起こしされたテキストファイルをもとに，観察者が気になる言葉の連なりが，学び手の対話の中でどのように構造化されていくか，そしてその連なりに貢献しているのはどの学び手かといったことを一つひとつの発言をとおしてみていくことができます（Oshima, Oshima, & Matsuzawa, 2012）。たとえば下の図は，北米の大学 1 年生がまったく同じ問題を解決しようとしていたときに展開した対話内容を，KBDeX を用いて社会ネットワーク分析にかけたものです。オリジナルの対話を詳しく分析した研究者によると（Sawyer, Frey, & Brown, 2013），グループ A はグ

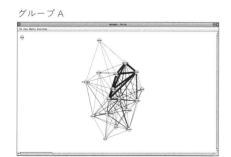

図　対話のネットワーク

ループBと比較して，学習内容についてよく吟味し，グループメンバーの理解の深まりが明確にみられたという分析結果を示しています。ここで示した対話のネットワークのグループ間の違いは，その詳細な分析からわかることを明瞭に表しています。第1に，グループAの対話のネットワークのほうが大きなネットワークの塊を示しています。これは重要な言葉の連なりが対話の中で頻繁に出現し，メンバーが内容理解についてよく話し合った結果です。これに対してグループBのネットワークは「薄い」感じがすることでしょう。それなりに学習内容の話はしているのだろうけど，それが密に行われたとは判断できそうにありません。第2に，グループAの対話のネットワークは，（1つの言葉のみ切り離されてはいますが）大きな1つの塊になっています。これに対してグループBの対話のネットワークは複数の塊に分断されています。これは重要な話題がどれくらい意味のあるかたちで出てきているかを示しています。分断されているということは，話題が多く展開し，その複数の話題の間には関連性がみられなかったことを意味しています。

　このように，対話の社会ネットワーク分析を行うと，グループの中での知識の発展の様相をみてとることができます。そして，グループによる違いを一目瞭然にできるのです。さて，みなさんが教師として教えている教室で，こうした2つのグループがみられたとしましょう。この形成的なフィードバックが入手できたとき，次の時間で教師としてのあなたはどのような支援を考えることができるでしょうか？　第1に，どちらにより注目して支援をしてあげなければならないかがわかります。学習がよりうまく行っていないのはグループBであることは明らかですので，こちらを観察する割合を増やすべきでしょう。第2に，グループとしての理解が不十分な点は，グループAの対話のネットワークではつながっているのに，グループBの対話のネットワークでは途切れているあたりだと予想することができます。

　学習分析学の中で開発されるこうした分析ツールとその解釈の仕方は，今後実践場面に取り入れられてどのように実行可能かが検討される段階に入ってきます。実践者の方に実際に利用して授業の設計を考えてもらいながら，ツール自体も改善されるでしょうし，それを用いた新しい評価実践のかたちもできあがっていくのです。

認識的認知

　最近の研究では，メタ認知をはたらかせ，自己調整学習を円滑に行うことができるようにするには，学ぶ対象の捉え方（認識論的信念，epistemological beliefs）のはたらきや，知ることや学ぶことに対する認知の仕方（一種のメタ認知：認識的認知，epistemic cognition）が複雑に関係していることがわかってきました。

　たとえば，数学について学ぶことを考えてみましょう。数学の知識というものはどんなものでしょうか？　数学の知識は絶対不変の知識でしょうか？　数学を学ぶには，教師や教科書にだけ頼ればよいと思いますか？　数学は解く方法の手続きを学ぶものだと思いますか？　数学の授業で学ぶことは，日常の生活と関係がないと思いますか？　数学の問題の正しい解き方はただ一つしかなく，それは数分で正解にたどり着くものだと思いますか？　このように何か対象について知ることやその対象についての知識に関する信念を認識論的信念と呼びます。これまでさまざまな研究では，対象そのものや，対象（ここでは数学）に関するさまざまな知識について，前述のような固定的な信念をもっている学び手とそうでない学び手では，到達できる学習のレベルが異なるということがわかってきています（Lampert, 1990; Schoenfeld, 1991）。それは，メタ認知が機能する際に，呼び起こされる知識が変わってくるからだとされています（Muis, 2007）。

　こうした認識論的信念は，年齢によって発達的に変化するものとして考えられてきました。ですが数学が苦手な人は，大人になったからといって数学に対する信念は変わるでしょうか。学び手の頃から数学が苦手な筆者は，数学を未だ手続き的なものと思っていて，結局数学はよくわかりません（笑）。一方で，ブラジルの街頭でキャンディ売りをする少年少女の場合（Saxe, 1990）は，学校で算数を勉強したことがなく，テストはまったく点数がとれないし，学校の算数は苦手なのに，お金の支払やおつりは器用に正しく計算しています。「数学とは何か」「数学を解くとは何か」に関する信念がはたらいてから認知がはたらくというよりも，状況によって，日常に必要な計算問題であれば，うまく解けるように認知がはたらいていると考えるほうが道理にかないます。そこでどうしたら学び手の認知をよりよくはたらかせられるのかを深く検討するために，認識的認知という「知ることや学ぶことに対する認知」に関する研究がなされるようになりました。

　認識的認知は，メタ認知的活動に対して肯定的にも否定的にもはたらきます。たとえば，授業の中で予防接種に関する文章を読む際に，学び手のメタ認知を促すために，文章を要約するように指示したとしましょう（Chinn, Rinehart, & Buckland, 2014）。すると「何か知識を知りたい（ここでは，予防接

種についてよりよく理解したい）」という目標（認識的目標，epistemic aim）をもつことなく，「できるだけ早く要約を終わらせたい」と考える学び手が出ることは容易に想定されます。このような学び手は，予防接種の仕組みの詳細や，予防接種で懸念されるリスクを理解しようと思わずに，ただ要約を迅速に終わらせることを目標とします。このように「何か知識を知る」こととは異なる目標をもつと，その文章をどのように理解したらよいか，本当にその文章の内容は正確か，次にどのような文章を読めばよいかは考えず，情報を要約しておしまいになってしまうおそれがあります。ですが「予防接種についてよりよく深く理解したい」という認識的目標をもつと，確かな情報はどのような内容を含んでいればよいのか（認識的規準，epistemic ideals），どのようにしてその情報が生成されていればよいのか（信頼できるプロセス，epistemic reliable processes）を踏まえて情報を評価して，さらによりよい情報を探索しようとするでしょう。たとえば，情報源は確かに信頼できるものか，予防接種の効果の説明は科学的な対照実験をもとにしているかといった情報生成プロセスの信頼性を検証したり，予防接種の限界（たとえば，予防接種をしていてもインフルエンザになることがあるのはなぜか）の説明があるかという認識的規準を参照したりして，必要があればさらに調査・探究をすることにつながります。

このように認識的認知の目標・規準・信頼できるプロセスが適切にはたらくようになれば，知る・学ぶ・判断する等といった，私たちの日常の認知的活動がよりよくなる可能性があります。特に学習の場面では，学び手が自分で認識的認知を適切にはたらかせることができる状況設定や指導の工夫が大切です。たとえば，教師の指示による調べ学習の状況と，本当にインフルエンザの予防接種を迷って真剣に判断する必要のある状況では，よい認識的目標のもちやすさや，認識的規準や信頼できるプロセスを考慮するかどうかが変わることは想像できますね。

このような認識的認知の性質は，批判的思考と深く関連しているとも考えられています（Hofer, 2016）。受け取った情報や知識が望ましい認識的規準をもっているかどうか，信頼できるプロセスかどうかを判断するのに必要な知識は，さまざまな教科の学習の中でも少しずつ学ばれていくと考えられています。

PART 3

第 3 部

教師の学び：継続的な
授業改善のために

Chapter 8

第 8 章

Teacher as Researcher Approach

授業研究（レッスンスタディ）

■ 授業研究とは？

　授業研究とは，教員同士が授業の指導法や授業のあり方を実践の実際をとおして学び合う場であり，自らの実践を対象にして探究する方法でもあります。指導案や教材を考えたり，授業を参観し合ったりなどして，授業を改善していこうとする営みです。学校にはさまざまな目的や機会の授業研究がありますが，それらは実践改善や教員研修の中で長らく用いられてきました。また，授業実践をとおしてどのような教育を実践できるのかを考えたり，新たな指導法や教材開発を検証・改善していく教育実践研究の方法としても用いられてきました。

　こうした授業研究は，日本発祥とされ，百年あまりの歴史をもちます。近代学校の成立した際に，それまで行われてこなかった一斉教授の方法を広く普及させる際に行われていました。師範授業や模範授業として行われ，その授業を見た教師が自らの教室や，他の教員に見せるなどして教育方法の普及に資したのです。また，学校経営の中核は「授業にある」と考え，日々の授業で育てた子どもの姿を他の教員に見せることで，「学校づくり」を進めるための重要な活動になったものがあります。共通して言えることは，授業実践をとおして，実践者同士で授業や教育の質を高め合うという目的と，理論からではなく実践から立ち上がってきた方法であるという点です。

　一方で，授業研究は，教育学をはじめ，学校教育に関連する研究領域でも行われます。それは，教育に関わる研究者が学校に趣き，授業過程を分析していくことでその様相を明らかにする研究や，開発した教材や指導法を実践し効果を検証する研究です。当初は優れた実践を科学的に捉えようとする意図や実践の知を描き出そうとする試みでしたが，近年では，実践現場での授業研究と研究者による授業研究が統合的に発展し，協働による授業研究や**アクションリサーチ**として実践理解と授業改善に挑む営みがみられるようになってきました。

　日本では，たくさんの学校が授業研究を行っていますし，多くの教師が授業研究を知っており，授業研究はまさに学校の制度・文化に深く根づいた実践で

す。近頃になって授業研究は国際的に評価されるようになってきました。国際的展開の中では，簡潔なモデルとして，〈PLAN（事前検討）– DO（研究授業）– SEE（事後検討）〉プロセスが知られています。同僚間で授業をデザインし，その授業を実践する場としての**研究授業**があり，それらを参観したうえで，事後にその授業について協議をする活動のモデルです。一貫した協働性や授業改善の過程が日々の実践と強く直接的に関わっていること，一連の活動の中に多様な教師の学びがあることが，授業研究の魅力であり，期待されている教師の専門性開発の姿と重なっているのです。

■ 授業研究の機能

先に述べたように 授業研究には，授業づくり（事前協議）から，実際に実践する研究授業，その後の話し合いなどの振り返り（事後協議）など，関連する多様な目的や方法があり，それらを含めると中長期にわたって行うことになります。そのため，分類は容易ではありませんが，機能に着目するならば以下のように区別できます。

一つは，実践改善や教師の力量形成を目的とした**校内研修**の一部として行われるものです。同僚同士で授業づくりや授業改善にむけて，相互に参観したり，授業準備と事後に検討を含めて協議を重ねることで授業評価と改善の方向性を模索していくものです。自身の教材や授業に対する理解を深めたり，他の視点や考え方を知ることで教科や教材，指導のあり方に対する理解を深めることができます。また，研究授業の実施と相互参観をとおして，学び手の理解を深める機会ともなります。授業の事前検討を経て，広範な参観者のいる研究授業が行われたり，外部講師を招聘してさらに異なる視点や立場からの助言から授業づくりを学んでいくこともあります。

また，都道府県や市町村，学校区など自治体が研修と研究を融合させて行う場合もあります。教科等や学び方や現代的な諸課題等の特定テーマを自治体が重点的な研究課題として設定・提示して進める教育研究です。授業研究は，研究テーマを具現化したり，実践をとおして考えたりするために用いられます。研究授業を実施する研究指定校となることで教師が協働して授業づくりをして，研究を進めます。その研究成果を見せる場と方法が授業研究です。近隣の

第3部 教師の学び：継続的な授業改善のために ── 第8章 Teacher as Researcher Approach

　学校に所属する教員は，研究指定校での公開研究会に参加することで重点化された研究テーマを具体的に，実践をとおして学ぶことができます。こうした展開が，自治体として広く研修の場を提供することにもなっています。学校を会場にし，所属する学校外への研究会に参加することが新たな指導法を学んだり，教育課題への理解につながる研修になっており，それが制度的・文化的に保障されているのです。

　さらに，自主的に**公開研究会**を定期開催する学校もあり，周辺地域だけでなく，全国から授業参観者が集まることがあります。先進的な指導方法や独自の教育課題の実現にむけて実践研究を進める研究校が，日々の実践研究の成果として授業を公開し，参観者を含めた協議やその評価から自らの研究や教育を問う機会となっています。その学校の独自の教育理念に賛同し，自己研鑽のために地域を超えて教員らが集まります。日本では民間教育団体が主導し，それぞれの教育方法や教育理念に基づいた授業研究を行う文化と伝統があり，これが広域の専門家コミュニティの形成につながっています。自治体主導の研究会とは異なり，研究テーマは学校や教師によって主体的に決められ，参加者も自らの実践研究の一部や自主研修と位置づけて，遠方からも参加します。教師が専門家として主体性をもって教育のあり方を考え，実践しようとするときにその研究マインドは授業研究によって駆動してきたともいえます。

　指導法や教材開発を主眼とする教科ごとの授業研究もあります。地域ごとに教科等を単位とした実践研究の同好会や公認の研修グループが構成され，教育行政（教育委員会等）の理解と後援を得ながら，研究会が行われます。日々の実践を報告する機会とともに指定された学校で研究授業が行われ，参加者らで協議会を行います。こうした地域・地区ごとに行われる教科等の研究会は，教科教育の全国規模の学会や協議会とも活動や情報，研究課題を共有しています。毎年行われる全国大会への参加が困難であったとしても，地区・地方での研究会への参加で高頻度に挑戦的な教科指導の研究授業を参観することができます。

　多くの授業研究は，教育課題や教育課程を現場に実装する，あるいは具現化するために用いられています。一方，日本国内では授業研究には，教育課程の開発という役割もあります。研究開発校制度に代表される教育課程特例校など

が，新たな教育課程のモデルや新しい実践モデルの提出・提案のための手法として，カリキュラム開発（教科等の内容編成）をし，授業をとおして提案と検証を進める方法として用いられます。これは日本固有の授業研究の役割です。

■「授業研究」再考

授業研究は国際的認知により，その価値が再認識されたという経緯があります。算数授業の国際比較研究で日本の好成績の背景には教師の力量形成を支えている授業研究と呼ばれる実践があることが考察されました (Stigler & Hiebert, 1999)。海外では，"lesson study" と訳され，教師教育の方法として導入され，有効性が検討されるようになることで授業研究そのものの問い直しが可能になります。

たとえば，イギリス・ロンドン市の文教地区である Camden 地区では，地域レベルでのプロジェクトが行われ，抽出児（case pupils）を設定し，学習の様相を追跡したり，授業後にインタビューをしたりしてデータを集め，授業を分析・評価します。教師間の授業研究談話も分析され，(Dudley, 2011; Vrikki et al., 2017) 学術的研究との協働と役割分担がみられます。アメリカでは，特に算数教育での授業研究が盛んに行われています。たとえば，高橋昭彦とキャサリン・ルイスらが取り組んでいるプロジェクトでは，教科書や教材，指導法にも授業研究の成果が内在していることから，授業前の「教材研究」や協議のあり方にも指導を行っています。また，指導案を "lesson research proposal" と言い換え，研究授業の提案性を強調している点が特徴的です。このように，海外での導入により，授業研究の営みが構造化されたり，授業研究の遂行に内在する教師の専門性や信念の存在が顕在化しています。

さまざまな目的や枠組みの中で行われる授業研究は，個人や小集団で行う場合でも学校や地域に規模を拡大しても同様の方法で進めることができる点が特徴的な利点です。また，研修として授業研究の場が他者から提供される教員研修（teacher training）でありながらも，教師が研究マインドをもって自身の授業に関する専門性を高めていくという専門性開発（professional development）へと置き換えうる点は，教師の主体的な探究を駆動させます。一方で，制度・文化的に根づいてることから，明確な目的や成果に対しての意

識もなく実践でき，前述のような研究マインドがなくても一連の活動に参加できるため，授業研究の成果については曖昧なことも多く，現場に文化的に根づいているがゆえに学術的な表現との乖離は大きいといえます。そもそも成果の還元先が授業研究をともにした共同体での実践の質的向上であり，「実践をとおして実践を改善する」という点で学術研究とは異なる構造をもっています。学校や教室には多様な学びがあり，また，授業研究をとおしてさまざまな課題意識をもって実践が取り組まれています。それらは学術的研究と課題を共有しうるものであることも多いのですが，こうした研究のあり方や使用する表現の違いによって，成果を共有したり，研究を協働的に実施することが難しいという実態があります。

デザイン研究

　前節の**授業研究**は，現場の教師が自らの実践を吟味の対象として共有し，検討や研修を重ね，課題の解決や教師の資質・能力を高めるアクションリサーチの一形態として捉えることができます。しかし，一方で授業研究実践の多くは，そこに参画する者の間では深く共有できる実践知を構築することができても，さらにより一般的な学術的見地からの有用性の議論を強く意識することはあまりありません。

　こうした広く適用可能な知識と優れた実践の橋渡しという問題意識をもって，学習科学では新たな教授・学習方法の実現に役立つ根拠に基づいた知識（以降，「理論」と呼ぶ）の構築を目指した実践研究を強調してきました。中でも，新たな教授・学習方法を体現する取り組みを実際にデザインし，実践を行い，評価するサイクルを繰り返し行いながら理論の構築を目指す研究法は，**デザイン研究**（Design-Based Research）（バラブ，2018）と呼ばれ，学習科学研究の代表的な実践研究手法として広く利用されています。しかし，一見するとデザイン研究は前節の授業研究で行われる検討の過程と区別しにくいかもしれません。本節では，デザイン研究の特徴について紹介した後，授業研究とのおもな違いについて整理しながら，デザイン研究の課題についても説明します。

■ デザイン研究の基本的特徴

　ここでいう「デザイン」は，テキストやプリントのような教材や板書を使ってどのように教えるかといった教師中心の指導方法というよりも，**学習者中心**の視点に立ち，学び手に体験してほしい活動や思考のプロセスを経験してもらうために必要なあらゆるヒト・モノ・コトの構成が対象になります。デザイン研究において典型的なデザイン例として，本書で紹介しているグループで学ぶ**協調学習** ☞ 3.4節や，**探究学習**や**問題基盤型学習** ☞ 5.4節，**知識統合** ☞ 4.1節や**知識構築** ☞ 4.8節があげられます。これらに共通するデザインの要素は，学び手が取り組むべき課題をはじめ，たとえば科学者の実践を反映した探究活動，その探究活動に必要な教材リソースなど多岐にわたります。中でもグループウェア

やシミュレーション教材など，コンピュータ上で動作するソフトウェアをはじめとしたテクノロジの要素を自ら開発するデザイン研究は数多く存在します。

したがって，デザイン研究におけるデザインとは教材や指導法といった一部ではなく，それらを統合した全体のヒト・モノ・コトの構成（＝システム）を指している点が重要です。これら複数の要素を組み合わせたデザインのパターンは無数にあり，その中から新たな教授・学習方法を体現する取り組みのデザインやそのメカニズム（なぜ，どのようにデザインが有効なのか）を明らかにしていくには，単発のデザイン→実践→評価のサイクルでは不十分であり，そのため，この探究サイクルを反復的に行う必要があります。具体的には，既存の理論に関連づけながら，新たな取り組みを体現するうえでの「問題」の焦点を決め，その解決に向けた取り組みを「デザイン」し，対象となる「現場の文脈」で実践を行ったうえでデータを集め，問題の解決ができた部分とそうでない部分について原因や理由を明らかにするための分析を行うところまでが1つのサイクルになります。次のサイクルでは，初回の分析結果をもとに既存の理論に関連づけながら新たな問題の焦点を決め，その解決にむけて初回のデザインを修正し，再び現場の文脈で実践を行ったうえでデータを集め，問題の解決ができたかの分析を行うことでさらなる問題を明らかにしていきます。このサイクルを繰り返し，新たな取り組みの構成やそれが機能する条件を徐々に明らかにしていくのがデザイン研究の基本的なプロセスになります。また，ここでいう現場の文脈とは必ずしも1つの教室という意味ではなく，研究のテーマの対象となる複数の現場でサイクルを回すことで，広く現場での実践に活用できるデザインの構成や機能する条件や方法，制約に関するデザイン原則の構築が期待できるのです（DBR Collective, 2003）。

◼ デザイン研究の特徴：授業研究との比較

新たな教授・学習方法を体現する取り組みをデザインし，実践を行い，評価する，というデザイン研究のプロセスは，前節の授業研究のプロセスと類似する部分もあります。では，デザイン研究が授業研究と大きく異なる点とは何でしょうか？

まず，**最終的な目的の違い**があげられます。授業研究は，前節で述べられて

いるように参加している教師や共同体の中で授業を改善することが大半の目的である一方，デザイン研究では特定の教師や共同体への寄与はもちろんこと，他の現場の利害関係者が同様の取り組みを行う際に役立つ知見，すなわち理論の構築が最終的な目的になります。たとえば，多くの学び手が基本的な問題は解けるが応用問題が解けない原因の背後にある**メタ認知** ☞ 3.2節 の課題を解決する理論，現行の指導要領を超えて21世紀の子どもが社会に出たときに求められているスキルや育成方法の理論（グリフィン・マクゴー・ケア，2014），テクノロジを活用して革新的な学習環境を構築するうえで必要な学習支援方法の理論の構築などがあげられます。授業研究では参加する教師が抱える個別具体的な問題解決を考える中でメタ認知といった理論を活用するケースは多いと思いますが，その大半の目的は当該の教師が直面している現場での問題解決であり，他の多くの現場でも適用可能な知見といった一般性の担保まで検討することはあまりないでしょう。

これに関連して，学術的あるいは科学的なアプローチへの関与の度合いにも違いがあります。授業研究の検討や研修では，教師の指導を記録したビデオや音声，学び手のテスト解答やその他の成果物を分析し，その結果を共有してコミュニティで議論を重ねるなどして検討を行います。しかし，参加者の多くは科学的な方法論について専門的な教育を受けていないために探究のプロセスが個人の我流またはローカルのルールに依存しやすい一方，デザイン研究では科学における再現性や一般性の担保を目指した分析への関与が求められます（バラブ，2018）。その結果，分析の成果物としての知見についても，授業研究ではHow（どのように）が最も重視される一方，デザイン研究ではHowに加えてWhy（なぜ），すなわちHowのプロセスの背後にあるメカニズムを明らかにすることが求められます。

◼ デザイン研究の課題：参加者の主体性と革新的なデザインや知見の普及

ここまでデザイン研究の長所を中心に整理してきましたが，課題がないわけではありません。代表的な課題の一つは，新たなデザインの実践に参加する利害関係者の**主体性**です。ここでいう主体性とは，実践に参加する利害関係者

（多くは教師）が，研究者がデザインする実践に積極的に関わることができるか，端的にいえば研究者と同じように実践をデザインする側の一員として参加できるかを指しています。前節で紹介したように，授業研究は現場の教師やその共同体が中心となって個々の課題に取り組んでいく営みであり，教師の主体性が重要な要素の一つであるといえます。一方のデザイン研究では，一部では教師や学生からのフィードバックに基づいてデザインを修正する場合があるにせよ，基本的なデザインの目的や観点は研究者が定義することが多く，授業研究と比較すると参加する利害関係者の主体性が高いとはいえません。この点は，学習科学の分野内でも批判されている課題です（エンゲストローム，2018）。

　この要因の一つは，前述のとおり現場の教師と研究者の間の関心の違いです。基本的に現場の教師の関心の大半は自身が抱える問題の解決であり，自身が担当する教室あるいは勤める学校で問題を解決することにあります。一方，研究者のおもな関心は特定の現場だけでなく広く適用可能な理論を構築することにあります。知見の適用範囲や条件に厳密な理論はその記述が複雑になる傾向があるため，現場の利害関係者にとって理論は難解で役に立たないと解釈される場合が多くあります。互いの価値観のギャップを埋めることができず，デザイン研究から得られた知見が一部の熱心な現場の教師にしか支持されないのであれば，せっかくの広く適用可能なデザインや知見が現場に活用されません。この課題を乗り越えるためには，現場の利害関係者と研究者との間で問題や目的のレベルから議論を重ね，互いにとって価値のある問いや目的を共有しながら共通の目標を構築していくプロセスが必要となっていくのです。

Chapter 9

第 9 章

スケールアップ型
デザイン研究

学校の組織改革に向けた改善科学

■ デザイン実施研究

　革新的な学びを目指して大きな成果を上げてきた学習科学研究ですが,「あまりにもたいへんすぎるしお金もかかるので維持するのが難しい」という批判もあります。研究者はいくらでも時間と融通の効く予算を投入して一単元の実践を革新的にしようとしてきました。一方で,こうした運動会や学芸会のような一発勝負の実践を良くするだけでなく,ふだんの実践が少しずつでも継続的に良い方向へ変化していく基盤を確立する研究の重要性も脚光を浴びるようになりました。それが**デザイン実施研究**（Design-Based Implementation Research）と呼ばれる方法論です。このデザイン実施研究は,さまざまな地域や学校区のもっている特徴や具体的な問題を多くの利害関係者で共有し解決の方法を探る社会実験の形態をとります。こうした**改善科学**的な考え方は,教育政策の適切な展開を目指すためにも重要です。実際にそれをとり仕切るのは,学習科学研究者とはかぎりません。教育委員会や,地域の校長会など,いろいろな単位で行える（行わなくてはならない）学校教育改善です。その観点からいうと,次にお話しするデザイン実施研究のための原則は,専門家にかぎらず理解できるレベルのものになっています（Fishman & Penuel, 2018）。

■ デザイン実施研究を行うときに必ず考えなければならないこと
● 教師,学校長,教育委員会,保護者,学び手など利害関係者と何を問題とするかを考える（研究者が自分たちの想いのみを持ち込んでは駄目）

　デザイン実施研究でターゲットとするのは,教育システム,すなわち制度そのものです。1つのクラスの単元を革新的に設計できても,研究者が去った後そのクラスが（他の単元でも）革新的でありえる保証は何もありません。たとえば外科手術による改善のように医師（学習科学者）の診断によって判断され,手術（授業設計）の計画がなされ実行されるのです。ですので,医師がいなければ患者は自己治癒することはできません。対症療法としては,一時的に効果を生みますが,決して完全治癒が目的とされてはいないのです。対して,デザ

イン実施研究は，漢方療法のようなものです。局所的に悪いところを処置するのではなく，そうした病気にかかりやすい患者の体質を変えるようなものです。

　教育制度を体質改善で考える際，その最終的な効果（目的）は学び手の学力向上です。しかし，授業設計そのものだけに手を入れるのではなく，その授業がどうしてそのように設計されているのかを把握し，それに関わる多くの利害関係者に関与してもらわなければなりません。学び手から徐々に距離をおいていくように世界の広がりを考えてみるとよいでしょう。教室には彼らを教えている教師がいます。そして，その同僚の教師もいますね。中には別の年にその学び手を受け持ったことがある教師もいるかもしれません。そして，管理職と呼ばれる教頭，校長など学校全体を統括している層があります。学校から外に出ると，学び手の家族も大きな協力者の一つです。

　デザイン実施研究を始める際の第1の留意点は，利害関係者のそれぞれが彼らなりの言葉で課題を話すということです。目指しているのは学び手の明るい未来ですが，それを達成するために必要だと思っていることにはズレがあります。**デザイン研究** ☞ 8.2節 では，このズレを解消する必要性が大きく取り上げられませんでした。研究者が実践者に協力を依頼して「見たいものを見てきた」からです。ところが，学校の管理職や学び手の家族は必ずしもそれを理解してくれているとはかぎりません。研究者が自分の勝手な想いを現場に持ち込むのではなく，現場の教師やそれを統率する上層部，学び手の家族などがどんな問題を抱えているのかを洗い出して，まず着手すべき問題点を共有すべきなのです。

●実践の共同改善の繰り返しに取り組む

　デザイン実施研究では，短期的に大きな改善が見込まれるわけではありません。よって，その研究の目標達成にはかなりの年月（5〜10年）がかかるでしょう。そして，そこでの改善は関わる利害関係者の協力のもと，実践を繰り返して評価し，翌年の設計を考えるというサイクルを確立せねばなりません。

　21世紀に入って，学校教育で育成が求められる能力には変革が起こってきています。何かを正しく記憶してそれを再現できる力だけでなく，新しい資質能力の考え方が学習指導要領でも明記されました。こうした知識や人間の賢さ

に関する考え方の変化によって，私たちには，これまで経験したことのない授業実践の改革が要求されるようになります。学び手の新しい資質能力を向上させるためには，そうした授業を行う教師の人材育成（リカレント教育）が何よりも大事ですし，失敗を恐れずに新しい授業実践のチャレンジをしていく下支えを管理職が提供する必要もあります。また，学び手の家族がそれを理解している必要もあり，それぞれの地域における問題をうまく利用して社会に開かれた学校教育でなければならないわけです。デザイン実施研究の第2の留意点としては，こうした多くの利害関係者をとりまとめつつ新しい授業の改善を行うための組織体制を構築し，それが本当に正しく動いているのかを分析・検証するのがデザイン実施研究の目的であることを関係者が共有することです。

● **その時の実践がうまくいけばいいわけではなく，know-why のある know-how をつくる**

　誰かの実践の成功事例に関心をもってもらい，自分でも試してみようという気にさせるには，参観者（他の同僚教師ひいては他の学校や違う学年の教師）に「自分もがんばればできるんじゃないか」と思ってもらう必要があります。国立大学の附属校で行われる実践の多くは，周りの地方の学校の教師から見れば「附属だからできること」の枠をなかなか超えられません。これは附属校がいわゆる「特殊な」学校だからでしょう。附属などの研究校をスタート地点において，デザイン実施研究を行うのは，こうした観点からいえばあまり好ましいことではありません。しかし，もし附属校の実践でも，参観に来た地域の教師がちゃんと持って帰れるものがあれば話は別かもしれません。デザイン実施研究の第3の留意点は，この参観者が持って帰るお土産についての話です。

　ある附属校で実践を参観したときのことです。その実践では子どもたちがグループ学習を展開し，素晴らしい成果を上げていました。多くの先生が，できれば自分もグループ学習をうまく実践に取り込みたいと考え，実践方法（know-how）を持ち帰ろうとしたのですが，そこで注目されたのはグループの構成人数でした。「3人にするとうまくいく」。誰が明言したわけでもなく，成功した実践例が「3名でグループを組んでいた」ので，そうすればよいとお考えになったのでしょう。ご想像のとおり，グループの人数を揃えても実践が

うまくいくわけではありません。最初に感激した実践に遠く及ばなければ,「やはりうちには無理なのか？」と興味関心が薄れてもとのやり方に戻ってしまいます。

実践の本質を見極める観察眼はそうたやすく培えるものでもありません。ですので,研究授業の後の事後検討会では,参観者がちゃんとお土産を持ち帰れるように,その時に実践がうまくいったことで安堵せずに,「know-how」ではなく,「know-why のある know-how」を議論すべきです。すなわち,「グループを3人で組むには,それが2人ではなく,4人でもないそれなりの理由がある」ということです。そして,その理由をきちんと確認することです。そうすれば別の教室場面ではペアのほうがいいかもしれないし,5人でもいいかもしれないということがわかるようになります。これが汎用性のある（いろいろな授業実践に適用可能な）授業設計の原則です。

●改善の試みは少しずつスケールアップ（そして時にはスケールダウン）

デザイン実施研究は,関わる関係者の人数が自ずと増加して徐々に広がりをみせるものです。参加する学校の数が増えたり,地域が増えたりしていきます。これは関わる人にとっては嬉しいことでもありますが,挑戦でもあります。自分たちが始めた試みが他の学校や地域の関心を高めているのであれば,彼らを巻き込んでさらに自分たちの実践の向上を目指すのです。この自然な共同体の進化ともいうべきスケールアップは喜ばしいことです。しかし,制度改革に関わる利害関係者の多くは最初から「大きな獲物」をねらいすぎる傾向にあります。トップダウンで制度改革の強行突破をして現場を疲弊させることがあるのです。こうした変化は現場を抑え込んでしまい,現場の人間が自ら考えることを遠ざけます。しかし,現場が必要としているのは,多くの人で目標を共有し,それに到達するために障害となっていると思われることを洗い出して解決を探ることです。そして,それはそれぞれが小さな単位で始めてもよいでしょう。お互いの成果がお互いを刺激でき,さらに高まる。そうした「制度」の改革を現場は必要としているのです。

9.2 活動理論

■ 共同体そのものの変容を評価するには

デザイン実施研究は，学び手だけでなく，その成長を支える共同体そのものの成長を対象とする新しい研究方法であるために，学び手の学習成果をその評価指標として利用することは必ずしも合理的ではありません。共同体そのものが成長することを分析するためには，新しい分析単位を考慮した評価手法が必要となります。その有力な候補としてデザイン実施研究を展開する研究グループの中で利用されているのが，**活動理論**です。

活動理論は共同体そのものの変容を設計・評価・改善するために用いられるものです。いわゆる評価の単位が「学び手が所属する共同体」という位置づけですから，これまでの評価とは異なり，その目線はかなり社会的な側面を含みます。現在学習科学研究の中で取り扱われている活動理論の枠組みで利用される人間の**活動システム**は図のようになります（Engeström, 2014）。

まず，この三角形を検討するときに最初に着目すべきなのは，「主体」「対象」「道具」の３つの要素です。「主体」とは，分析したい学び手を置くべきところです。この主体には，小集団の学び手や，個人としての学び手が位置づけられます。そして，その「主体」が直面している問題状況や成し遂げたいと思って

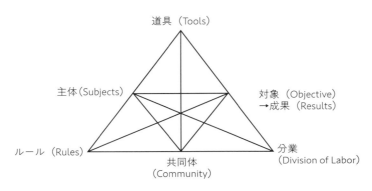

図　活動理論の枠組みで利用される人間の活動システム

いる目標が「対象」です。さらに，活動理論では，「主体」が「対象」を成し遂げようとするとき，「主体」が利用するさまざまな「道具」が存在し，「対象」を成し遂げようとする手伝いをすると考えます。この「道具」が介在するのが活動理論を含む**参加メタファの学び**の考え方（学びのメタファ ☞第2章 Column）の代表的特徴です。

たとえば，今みなさんが「主体」として，この本を読んでくださっているときに，書かれている内容やそれを理解しようとする目的が「対象」になります。では，その対象を成し遂げようとする（すなわち書かれている内容を理解しようとする）ときに利用している「道具」は何になるでしょうか？　実はその「道具」とは，みなさんが考えるときに利用している言語（言葉）になります。言語とはそもそも，私たちが社会的生活をおくるために身につけた心理学的道具の一つなのです。頭の中でものを考えるとき，私たちはこの言語という心理学的「道具」に頼って思考を展開することが多いのです。ですので，「道具」のでき次第で，思考の質が変わります。

それではさらに活動システムを広く見ていきましょう。本題はこれからです。この「主体」とそれが所属するであろう「共同体」の間の関係を考慮すると，この活動システムの本当の強みが見えてきます。「共同体」とは，共有する何か（地域，社会，同一の価値観など）で結びついた集団だと考えてもらえばよいのですが，そこに「主体」は所属しています。そのうえで，「主体」と「共同体」の間には何らかの取り決めやルールというものが陰に陽に存在すると考えるのです。あなたは「主体」として，家族という「共同体」に所属しています。晩御飯のときに，「いただきます」とも何とも言わずに家族の誰よりも先にご飯を食べ始めるのは「おかしい」と家族の他のメンバーから思われているとすれば（あるいは，あなた自身がそう思っているとすれば），これはあなたの家族の中に存在する「ルール」です。また，「共同体」が「主体」と同じ「対象」を達成しようとしていると考えてみましょう。そうすると，「共同体」自身は「主体」であるあなたとそれ以外の人々を含んでいますので，「対象」の達成のために何らかの「分業」が通常は存在します。

私たちが特定の学び手の行動を分析しようとするときに，参加メタファの学びの考え方でそれを行うとすれば，「この学び手は今どういった共同体の中で

活動しているのだろう？」「共同体と主体である学び手は，何を目指しているのか？」といった想定をおきつつ，「利用している道具は？」「どんなルールに縛られているのか？」「適切な分業は起こっているのか？」などを分析の対象に入れていくことになります。

◼ 活動システムの拡張

　活動システムによる学びの解釈は，単に共同体の視点から個人の学びを捉え直すだけではありません。その学びの契機や結果が，その活動システムそのものに戻ってくるところです。活動理論では「今私たちが対象に対してはたらきかけようとしているとき，何かどこかがおかしい」状態を，学びの始まりと考えます。きちんと確立した「共同体」では，こうしたギクシャクが頻繁に起こることはありませんが，それが簡易的にその場でつくられる「共同体」の場合（グループ活動や班という単位ですね），そこでの活動システムは「しっくりこない」ほうが当たり前です。すなわち，どこかにギクシャクした感じがあってこちらの期待している成果が現れてこないのです。こうした状態を適切に分析し，はたらきかける箇所を特定することによって活動システム自体をスムースに展開するシステムへと変更し，期待している成果を生み出すようにするのが，分析による改善ということになります。

　活動システムでは，おもに２つのタイプのギクシャクした感じを考えます。これが活動システム内にみられる「葛藤」と呼ばれるものです。一つのタイプの葛藤は，活動システムの各要素内にみられるものです。「共同体」と一言でいえば同じ価値観をもつ一枚岩の集団をイメージしますが，仮想的につくられた「共同体」，あるいはそれが本当の仲間集団であったとしても，同じ価値観だけを共有してわかりあえているわけではありません。たとえば，海外旅行を計画するとき，仲間の中には「ホテルはそれなりのところ」と考えている人と「安ければ安いほどいい」と考える人がいるかもしれません。宿泊先を検討するときに，こうした価値観の違いから「共同体」の中に２つの下位共同体が存在すると考えると，価値観の違う「主体」内の葛藤がみてとれます。そして，それは旅行ブックという「道具」を使って，旅行の計画をするという「対象」に対してギクシャクした感じを生み出すわけです。同じ「道具」を使って海外旅行

の計画という「対象」に対して関わるにしても，その基準がぜんぜん違うわけですから，「分業」で手分けしたところで，食事班と宿泊班，そして航空チケット班，イベント班などの役割から出てくる案に一貫性がなくなってしまいます。それらを寄せ集めて，単なる妥協で旅行を計画すると誰もが不完全燃焼に終わるという「成果」を生み出すだけです。

　もう一つのタイプの葛藤は，活動システムの要素の間にみられる葛藤です。前の葛藤の例でも述べたように，一つの要素内の葛藤はさらに，要素間の葛藤を生み出します。宿泊先へのこだわりが違う「主体」と，それは「今回の旅行で支出限度額をどこに設定するか？」という「ルール」との間で大きな隔たりをつくってしまうでしょう。出費には限度額があるわけですから，宿泊費が高くなれば，気の利いた高いレストランには行けなくなるかもしれないし，やりたいイベントの数も少なくしないといけないかもしれません。楽しいはずの卒業旅行でこれまで親しかった友人と決裂などという悲惨な状況は生み出したくないでしょう。しかし，成果としてそうした破綻状況までには行かないにしても，うまい解決策が見つからずに「結局行くのをやめた」という残念な「成果」を生み出してしまうかもしれません。

　このように，活動システムは，私たちがふだんの生活の中で行っているさまざまな実践に潜むギクシャクしたところをあぶり出す役割をもっています。丹念に分析すれば，今まではその原因がなんだかわからなかったことが明瞭となることがあります。教室だけでなく，さまざまな場面の学びは一時的な「共同体」を構築して，ある「対象」に対してはたらきかけることが多いのです。これまでお話ししてきたように，「共同体」の活動システムには，当初不鮮明な葛藤が潜んでいることが少なくありません。こうした葛藤を分析して洗い出し，それを解決する方法を「共同体」に参加している「主体」その人たちに委ねるというのが，活動理論の研究者の代表的な改善方法です。よって，学び手が自分たちの参加している活動システムを自分たちで振り返り，その改善の知恵を絞る。こうした努力によって葛藤が解消していき，そのシステムは新しいステージへと発展すると考えられています。こうしたステージの移行を活動理論の研究者は「拡張」と呼んでいます。

引用文献

1.1

Hmelo-Silver, C. E., Marathe, S., & Liu, L. (2007). Fish swim, rocks sit, and lungs breathe: Expert-novice understanding of complex systems. *The Journal of the Learning Sciences, 16*, 307-331.

Schraw, G. (2006). Knowledge: Structures and Processes. In P. A. Alexander & P. H. Winne (Eds.), *Handbook of educational psychology* (pp. 245-263). Mahwah, NJ, US: Lawrence Erlbaum Associates Publishers.

1.2

Chinn, C. A., & Samarapungavan, A. (2008). Learning to use scientific models: Multiple dimensions of conceptual change. In R. A. Duschl & R. E. Grandy (Eds.), *Teaching scientific inquiry: Recommendations for research and implementation* (pp. 191–225). Rotterdam, Netherlands: Sense.

Posner, G. J., Strike, K. A., Hewson, P. W., & Gertzog, W. A. (1982). Accommodation of a scientific conception: Toward a theory of conceptual change. *Science Education, 66*, 211–227.

Schwartz, D. L., Tsang, J. M., & Blair, K. (2016). *The ABCs of how we learn: 26 scientifically proven approaches, how they work, and when to use them.* W. W. Norton & Company.

1.3

Chinn, C. A., & Brewer, W. F. (1998). An empirical test of a taxonomy of responses to anomalous data in science. *Journal of Research in Science Teaching, 35*, 623–654.

Gobert, J. D., & Buckley, B. C. (2000). Introduction to model-based teaching and learning in science education. *International Journal of Science Education, 22*(9), 891–894.

Grotzer, T. A. (2012). *Learning causality in a complex world: Understandings of consequence.* Lanham, MD: R & L Education.

ライザー, B. J.・タバク, I. ／坂本篤史（訳）(2018). 第 3 章　足場かけ　R. K. ソーヤー（編）森 敏昭・秋田喜代美・大島 純・白水 始（監訳）　学習科学ハンドブック［第二版］第 1 巻(pp. 37–52)　北大路書房　(Reiser, B., & Tabak, I. (2014). Scaffolding. In K. R. Sawyer (Ed.), *The Cambridge handbook of the learning sciences (the 2nd edition)* (pp. 44–62). New York, NY: Cambridge University Press.)

1.4

米国学術研究推進会議（編）／森 敏昭・秋田喜代美（監訳）(2002). 授業を変える：認知心理学のさらなる挑戦　北大路書房　(Bransford, J., Brown, A. L., Cocking, R. R., National Research Council (U. S.) (2000). *How people learn: Brain, mind, experience, and school.*

Washington, D.C.: National Academy Press.）
ブルーアー，J. T.／松田文子・森 敏昭（監訳）(1997). 授業が変わる：認知心理学と教育実践が手を結ぶとき　北大路書房　（Bruer, J. T. (1993). *Schools for thought: As cience of learing in the classroom.* Cambridge, MA: MITPress.）
Gick, M. L., & Holyoak, K. J. (1980). Analogical problem solving. *Cognitive Psychology, 12*, 306–355.
Wertheimer, M. (1959). *Productive thinking.* New York: Harper and Row.

2.1

Brown, A. L., & Palincsar, A. S. (1982). Inducing strategic learning from texts by means of informed, self-controlled training. *Topics in Learning and Learning Disabilities, 2*, 1–17.
Clark, J. M., & Paivio, A. (1991). Dual coding theory and education. *Educational Psychology Review, 3*(3), 149–210.
Stahl, G., Koschmann, T., & Suthers, D. (2014). Computer-supported collaborative learning. In K. R. Sawyer (Ed.), *The Cambridge handbook of the learning sciences* (the second edition) (pp. 479–500). New York, NY: Cambridge University Press.（シュタール，G.・コシュマン，T.・サザーズ，D.／加藤 浩（訳）(2016). 第24章　コンピュータに支援された協調学習　ソーヤー，R. K.（編）／大島 純・森 敏昭・秋田喜代美・白水 始（監訳）学習科学ハンドブック［第二版］第2巻 (pp. 199–216)　北大路書房）
Sweller, J. (1994). Cognitive load theory, learning difficulty, and instructional design. *Learning and Instruction, 4*, 295–312.

2.2

Chi, M. T. H. (2000). Self-explaining expository texts: The dual processes of generating inferences and repairing mental models. In R. Glaser (Ed.), *Advances in instructional psychology: Educational design and cognitive science. Vol.5* (pp.161–238). Mahwah, NJ: Erlbaum Associates.
Chi, M. T. H., Bassok, M., Lewis, M. W., Reinmann, P., & Glaser, R. (1989). Self-explanations: how students study and use examples in learning to solve problems. *Cognitive Science, 13*, 145–182.
Chi, M. T. H., de Leeuw, N., Chuw, M.-H., & LaVancher, C. (1994). Eliciting self-explanations improves understanding. *Cognitive Science, 18*, 439–477.
Glenberg, A., Gutierrez, T., Levin, J. R., Japuntich, S., & Kaschak, M. P. (2004). Activity and imagined activity can enhance young children's reading comprehension. *Journal of Educational Psychology, 96*(3), 424–436.
King, A. (1994). Guiding knowledge construction in the classroom: effects of teaching children how to question and how to explain. *American Educational Research Journal, 31*, 338–368.
McNamara, D. S. (2004). SERT: Self-Explanation reading training. *Discourse Processes, 38*(1), 1–30.
Renkl, A. (1999). Learning mathematics from worked-out examples: analyzing and fostering self-explanations. *European Journal of Psychology of Education, 14*, 477–488.
Renkl, A., & Atkinson, R. K. (2003). Structuring the transition from example study to problem solving in cognitive skill acquisition: a cognitive load perspective. *Educational*

Psychologist, 38(1), 15–22.

Stark, R., Mandl, H., Gruber, H., & Renkl, A. (2002). Conditions and effects of example elaboration. *Learning and Instruction, 12*, 39–60.

2.3

Papert, S. (1980). *Mindstorms: children, computers, and powerful ideas.* New York, NY, USA: Basic Books, Inc.

2.4

Dillenbourg, P. (1999). What do you mean by collaborative learning? In P. Dillenbourg (Ed.), *Collaborative learning: Cognitive and computational approaches* (pp. 1–19)., Oxford: Elsevier.

Fiorella, L., & Mayer, R. E. (2013). The relative benefits of learning by teaching and teaching expectancy. *Contemporary Educational Psychology, 38*(4), 281–288.

Miyake, N., & Kirschner, P. A. (2014). The social andiInteractive dimensions of collaborative learning. In R. K. Sawyer (Ed.), *The Cambridge handbook of the learning sciences (the 2nd edition)* (pp. 418–438). New York: Cambridge University Press. （三宅なほみ・カーシュナー，P. A.／益川弘如（訳）(2016). 第 21 章　協調学習の社会的次元と相互作用的次元　ソーヤー，R. K.（編）／大島 純・森 敏昭・秋田喜代美・白水 始（監訳）　学習科学ハンドブック　第 2 巻［第二版］(pp. 147–163)　北大路書房）

三宅なほみ (2007). 理解におけるインターラクションとは何か　佐伯 胖（編）　コレクション認知科学 2　理解とは何か (pp. 69–98)　東京大学出版会

2.5

Bransford, J. D. (1997). *The Jasper Project, Lessons in curriculum, instruction, assessment, and professional development.* New York: Routledge.

Bransford, J. D., Brown, A. L., & Cocking, R. R. (2000). *How people learn: Brain, mind, experience, and school.* Washington D. C.: National Academy Press. （米国学術研究推進会議（編）／森 敏昭・秋田喜代美（監訳）(2002). 授業を変える：認知心理学のさらなる挑戦　北大路書房）

Brown, A. L., & Campione, J. C. (1994). Guided discovery in a community of learners. In K. McGilly (Ed.), *Classroom lessons: Integrating cognitive theory and classroom practice* (pp. 229–270). Cambridge, MA, US: The MIT Press.

Cobb, P., Yackel, E., & Wood, T. (1992). A constructivist alternative to the representational view of mind in mathematics education. *Journal for Research in the Mathematics Education, 19*, 99-114.

Holt, J. (1964). *How children fail.* New York: Dell.

Kolodner, J. L. (2002). Learning by Design™: Iterations of design challenges for better learning of science skills, 認知科学. *9*(3), 338–350.

三宅なほみ・白水 始 (2003). 学習科学とテクノロジ　放送大学教育振興会

Chapter 2 Column

Lave, J., & Wenger, E. (1991). *Situated learning: Legitimate peripheral participation.*

Cambridge, England: Cambridge University Press.（レイヴ，J.・ウェンガー，E.／佐伯胖（訳）(1993). 状況に埋め込まれた学習：正統的周辺参加　産業図書）

Paavola, S., Lipponen, L., & Hakkarainen, K. (2004). Models of innovative knowledge communities and three metaphors of learning. *Review of Educational Research, 74*(4), 557–576.

Scardamalia, M., & Bereiter, C. (2014). Knowledge building and knowledge creation: Theory, pedagogy, and technology. In K. R. Sawyer (Ed.), *The Cambridge handbook of the learning sciences (the 2nd edition)* (pp. 397–417). New York, NY: Cambridge University Press.（スカーダマリア，M.・ベライター，C.／大島律子（訳）(2016). 第20章　知識構築と知識創造：理論，教授法，そしてテクノロジ　ソーヤー，R. K.（編）／大島 純・森 敏昭・秋田喜代美・白水 始（監訳）学習科学ハンドブック［第二版］第2巻 (pp. 127–145)　北大路書房）

Sfard, A. (1998). On two metaphors for learning and the dangers of choosing just one. *Educational Researcher, 27*(2), 4–13.

3.1

Fredricks, J. A., Blumenfeld, P. C., & Paris, A. H. (2004). School engagement: Potential of the concept, state of the evidence. *Review of Educational Rsearch, 74*, 59–109.

Hidi, S., & Renninger, K. A. (2006). The four-phase model of interest development. *Educational Psychologist, 41*, 111–127.

ヤーベラ，S.・レニンジャー，K. A.／小野田亮介（訳）(2017). 第33章　学びのためのデザイン：興味，動機づけ，積極的関与　ソーヤー，R. K.（編）／秋田喜代美・森 敏昭・大島 純・白水 始（監訳）学習科学ハンドブック［第二版］第3巻 (pp. 123–137)　北大路書房（Järvelä, S., & Renninger, K. A. (2014). Designing for learning: Interest, Motivation, and Engagement. In K. R. Sawyer (Ed.), *The Cambridge handbook of the learning sciences (the 2nd edition)* (pp. 668–685). New York, NY: Cambridge University Press.）

Mathan, S. A., & Koedinger, K. R. (2005). Fostering the intelligent novice: Learning from errors with metacognitive tutoring. *Educational Psychologist, 40*(4), 257–265.

Ryan, R. M., & Deci, E. L. (2000). Intrinsic and extrinsic motivations: Classic definitions and new directions. *Contemporary Educational Psychology, 25*, 54–67.

Skinner, E. A., & Belmont, M. J.(1993). Motiation in the classroom: Reciprocal effects of teacher behavior and student engagement across the school year. *Journal of Educational Psychology, 85*, 571–581.

3.2

ブラウン，A. L.／湯川良三・石田裕久（訳）(1984). メタ認知：認知についての知識　サイエンス社　(Brown, A. (1978). Knowing when, where, and how to remember: A problem of metacognition. In L. B. Resnick (Ed.), *Advances in Instructional Psychology, Vol. 1*(pp.77-165). Lawrence Erlbaum Associates.)

Flavell, J. H. (1987). Speculation about the nature and development of metacognition. In: F. E. Wernert and R. H. Kluwe (Eds.), *Metacognition, motivation and understanding* (pp. 21–29). Hillsdale, NJ: Lawrence Erlbaum Associates.

Nelson, T. O., & Narens, L. (1994). Why investigate metacognition? In J. Metcalfe & A. P. Shimamura (Eds.), *Metacognition: Knowing about knowing* (pp. 1–25). Cambridge, MA:

MIT Press.
三宮真智子（編）(2008). メタ認知研究の背景と意義　メタ認知：学習を支える高次認知機能（pp. 1–16）　北大路書房
Veenman, M.V.J., Kok, R., & Bloete, A.W. (2005). The relation between intellectual and metacognitive skills in early adolescence. *Instructional Science, 33*, 193–211.

3.3

Bandura, A. (1986). *Social foundations of thought and action*. Englewood.
シャンク，D. H.・ジマーマン，B. J.／塚野州一（編訳）(2009). 自己調整学習と動機づけ　北大路書房（Schunk, D. H., & Zimmerman, B. J. (2007). *Motivation and self-regulated learning: Theory, Research, and Applications*. Routledge.）
Zimmerman, B. J. (1986). Becoming a self-regulated learner: Which are the key subprocesses? *Contemporary Educational Psychology, 11*(4), 307–313.
Zimmerman, B. J. (1989). A social cognitive view of self-regulated academic learning. *Journal of Educational Psychology, 81*, 329–339

3.4

Fischer, F., Kollar, I., Stegmann, K., & Wecker, C. (2013). Toward a script theory of guidance in computer supported collaborative learning. *Educational Psychologist, 48*(1), 56–66.
Miller, M., & Hadwin, A. (2015). Scripting and awareness tools for regulating collaborative learning: Changing the landscape of support in CSCL. *Computers in Human Behavior, 52*, 573-588.
Oshima, J., Oshima, R., & Splichal, J. M. (2015). SSRL scripts to facilitate student regulation of collaborative learning. In Lindwall, O., Häkkinen, P., Koschman, T. Tchounikine, P. & Ludvigsen, S. (Eds.), *Exploring the material conditions of learning: The computer supported collaborative learning (CSCL) conference 2015, volume 2* (pp. 683–684). Gothenburg, Sweden: The International Society of the Learning Sciences.
Schank, R. C., & Abelson, R. P. (1977). *Scripts, plans, goals, and understanding*. Hillsdale, N.J.: Lawrence Erlbaum.
Shibata, T., Oshima, R., & Oshima, J. (2016). Comparison of student classroom collaborations and CSSER questionnaire responses. Presented at American Educational Research Association 2016, San Antonio, TX.

3.5

Carpendale, J., & Chandler, M. (1996). On the distinction between false belief understanding and subscribing to an interpretive theory of mind. *Child Development, 67*, 1686–1706.
Kuhn, D., Cheney, R., & Weinstock, M. (2000). The development of epistemological understanding. *Cognitive Development, 15*, 309–328.
Kuhn, D., & Park, S. (2005). Epistemological understanding and the development of intellectual values. *International Journal of Educational Research, 43*, 111–124.
Olson, D. R., & Astington, J. W. (1986). Children's acquisition of metalinguistic and metacognitive verbs. In W. Demopoulos and A. Marras (Eds.), *Language learning and concept acquisition* (pp. 184–199). Norwood, NJ: Ablex.
Pillow, B., & Henrichon, A. (1996). There's more to the picture than meets the eye: young

children's difficulty understanding biased interpretation. *Child Development, 67*, 803–819.
Sobel, D. M., & Letourneau, S. M. (2018). Preschoolers' understanding of how others learn through action and instruction. *Child Development, 89*, 961–970.
Sobel, D. M., Li, J., & Corriveau, K. H. (2007). "They danced around in my head and I learned them": Children's developing conceptions of learning. *Journal of Cognition and Development, 8*, 345–369.
Tsai, C. (2009). Conceptions of learning versus conceptions of web-based learning: The differences revealed by college students. *Computers & Education, 53*, 1092–1103.

3.6

Dillenbourg, P. (1999). What do you mean by "collaborative learning"? In P. Dillenbourg (Ed.), *Collaborative-learning: Cognitive and computational approaches* (pp. 1–19). Oxford: Elsevier.
Hesse F., Care E., Buder J., Sassenberg K., & Griffin P. (2015) A framework for teachable collaborative problem solving skills. In P. Griffin and E. Care (Eds.), *Assessment and teaching of 21st century skills* (pp. 37–56). Dordrecht: Springer.
Kolodner, J. L. (2002). Learning by Design™: Iterations of design challenges for better learning of science skills. 認知科学, *9*(3), 338–350.
Miyake, N. (1986) Constructive interaction and the iterative processes of understanding. *Cognitive Science, 10*(2), 151–177.（三宅なほみ (2007). 理解におけるインタラクションとは何か　コレクション認知科学2：理解とは何か（pp. 69–98）東京大学出版会）
三宅なほみ (2007). 理解におけるインターラクションとは何か　佐伯 胖（編）コレクション認知科学2　理解とは何か（pp. 69–98）東京大学出版会
OECD (2017). Draft PISA collaboratie problem solving framework. https://www.oecd.org/pisa/pisaproducts/Draft%20PISA%202015%20Collaborative%20Problem%20Solving%20Framework%20.pdf
Roschelle, J. (1992). Learning by collaborating: Convergent conceptual change. *The Journal of the Learning Sciences, 2*(3), 235–276.
Webb, N. M. (2009). The teacher's role in promoting collaborative dialogue in the classroom. *British Journal of Educational Psychology, 79*, 1–28.

Chapter 3 Column

OECD (2008). *21st century learning: Research, innovation and policy*. Paris: OECD.
Scardamalia, M. (2002). Collective cognitive responsibility for the advancement of knowledge. In B. Smith (Ed.), *Liberal education in a knowledge society* (pp. 76–98). Chicago: Open Court.
Scardamalia, M., & Bereiter, C. (2014). Knowledge building and knowledge creation: Theory, pedagogy, and technology. In K. R. Sawyer (Ed.), *The Cambridge handbook of the learning sciences (the 2nd edition)* (pp. 397–417). New York, NY: Cambridge University Press.（スカーダマリア，M.・ベライター，C.／大島律子（訳）(2016). 第20章　知識構築と知識創造：理論，教授法，そしてテクノロジ　ソーヤー，R. K.（編）／大島 純・森 敏昭・秋田喜代美・白水 始（監訳）学習科学ハンドブック［第二版］第2巻（pp. 127–145）北大路書房）

4.1

Bell, P., & Linn, M. (2000). Scientific arguments as learning artifacts: Designing for learning from the web with KIE. *International Journal of Science Education*, *22*(8), 797–817.

波多野誼余夫・稲垣佳世子 (1989). 人はいかに学ぶか：日常的認知の世界　中公新書

Linn, M., & Eylon, B.-S. (2011). *Science learning and instruction: Taking advantage of technology to promote knowledge integration*. New York: Routledge

Linn, M. (2005). The knowledge integration perspective on learning and instruction. In R. K. Sawyer (Ed.), *The Cambridge handbook of the learning sciences* (pp. 243–264). Cambridge: Cambridge University Press.（リン，M.／深谷優子（訳）(2009). 教授学習における知識統合の展望　ソーヤー，R. K.／森 敏昭・秋田喜代美（監訳）学習科学ハンドブック（pp. 186-204）　培風館）

三宅なほみ・白水 始 (2003). 学習科学とテクノロジ　放送大学教育振興会

4.2

Bransford, J. D., & Schwartz, D. L. (1999). Rethinking transfer: A simple proposal with multiple implications. *Review of Research in Education*, *24*, 61–100.

Roelle, J., & Berthold, K. (2016). Effects of comparing contrasting cases and inventing on learning from subsequent instructional explanations. *Instructional Science*, *44*, 147–176.

Schneider, B., & Blikstein, P. (2015). Flipping the flipped classroom: A study of the effectiveness of video lectures versus constructivist exploration using tangible user interfaces. *IEEE Transactions on Learning Technologies*, *9*(1), 5–17.

Schwartz, D. L., & Martin, T (2004). Inventing to prepare for learning: The hidden efficiency of original student production in statistics instruction. *Cognition and Instruction*, *22*, 129–184.

Siler, S. A., Klahr, D., & Price, N (2013). Investigating the mechanisms of learning from a constrained preparation for future learning activity. *Instructional Science*, *41*(1), 191–216.

4.3

Kapur, M. (2008). Productive failure. *Cognition and Instruction*, *26*, 379–424.

Kapur, M. (2014). Productive failure in learning math. *Cognitive Science*, *38*, 1008–1022.

Kapur, M., & Bielaczyc, K. (2012). Designing for productive failure. *Journal of the Learning Sciences*, *21*(1), 45–83.

4.4

Hijzen, D., Boekaerts, M., & Vedder, P. (2007). Exploring the links between learners' engagement in cooperatie learning, their goal preferences, and appraisals of instructional conditions in the classroom. *Learning and Instruction*, *17*(6), 673–687.

ヤーベラ，S.・レニンジャー，K. A.／小野田亮介（訳）(2017). 第 33 章　学びのためのデザイン：興味，動機づけ，積極的関与　ソーヤー，R. K.（編）／秋田喜代美・森 敏昭・大島 純・白水 始（監訳）学習科学ハンドブック［第二版］第 3 巻（pp. 123-137）　北大路書房（Järvelä, S., & Renninger, K. A. (2014). Designing for learning: Interest, Motivation, and Engagement. In K. R. Sawyer (Ed.), *The Cambridge handbook of the learning sciences (the 2nd edition)* (pp. 668–685). New York, NY: Cambridge University Press.）

Linn, M. C., Davis, E., & Bell, P. (Eds.) (2004). *Internet environments for science education*. Mahwah, NJ: Lawrence Erlbaum.

Linn, M. C., & Hsi, S. (2000). *Computers, teachers, peers: Science learning partners*. mahwah, NJ: Lawrence Erlbaum.

大島 純・大島律子 (2009). エビデンスに基づいた教育：認知科学・学習科学からの展望　認知科学，*16*(3), 390–414.

Patrick, H., Ryan, A., & Kaplan, A. (2007). Early adolescents' perceptions of the classroom social environment, motivatioonal beliefs, and engagement. *Journal of Educational Psychology, 99*, 83–98.

4.5

Alonzo, A. C., & Gotwals, A. W. (Eds.). (2012). *Learning progressions in science: Current challenges and future directions*. Rotterdam, The Netherlands: Sense Publishers.

スカーダマリア，M.・ブランスフォード，J.・コズマ，B.・クエルマルツ，E.／河﨑美保・齊藤萌木・大浦弘樹・舘野泰一（訳）(2014). 第3章　知識構築のための新たな評価と学習環境　P. グリフィン・B. マクゴー・E. ケア（編）／三宅なほみ（監訳）　益川弘如・望月俊男（編訳）　21世紀型スキル：学びと評価の新たなかたち（pp. 77-158）　北大路書房

山口悦司・出口明子 (2011). ラーニング・プログレッションズ：理科教育における新しい概念変化研究　心理学評論，*54*(3), 358–371.

4.6

池尻良平 (2011). 歴史の因果関係を現代に応用する力を育成するカードゲーム教材のデザインと評価　日本教育工学会論文誌，*34*(4), pp. 375-386

カファイ，Y. B.・ディーディ，C.／森田裕介（訳）(2016). 第26章　バーチャルワールドにおける学習　ソーヤー，R. K.（編）／大島 純・森 敏昭・秋田喜代美・白水 始（監訳）　学習科学ハンドブック［第二版］第2巻（pp. 237-254）　北大路書房　(Kafai, Y. B., & Dede, C. (2014). Learning in virtual worlds. In K. R. Sawyer (Ed.), *The Cambridge handbook of the learning sciences (the 2nd edition)* (pp. 522–542). New York, NY: Cambridge University Press.)

Mayer, R. E. (2001). *Multimedia learning*. New York, NY, US: Cambridge University Press.

Mayer, R. E. (2014). *Computer games for learning: An evidence based approach*. Cambridge & London: The MIT Press.

西森年寿 (2010). 学びの文脈を作る：マルチメディア教材　山内祐平（編）デジタル教材の教育学（pp. 25-39）　東京大学出版会

シャープラス，M.・ピー，R.／北澤 武（訳）(2016). 第25章　モバイルラーニング　ソーヤー，R. K.（編）／大島 純・森 敏昭・秋田喜代美・白水 始（監訳）　学習科学ハンドブック［第二版］第2巻（pp. 217-235）　北大路書房　(Sharples, M., & Pea, R. (2014). Mobile learning. In K. R. Sawyer (Ed.), *The Cambridge handbook of the learning sciences (the 2nd edition)* (pp. 501–521). New York, NY: Cambridge University Press.)

スタインクーラー，C.・スクワイア，K.／池尻良平・藤本 徹（訳）(2016). 第19章　ビデオゲームと学習　ソーヤー，R. K.（編）／大島 純・森 敏昭・秋田喜代美・白水 始（監訳）　学習科学ハンドブック［第二版］第2巻（pp. 109-123）　北大路書房　(Steinkuehler, C., & Squire, K. (2014). Videogames and learning. In K. R. Sawyer (Ed.), *The Cambridge*

handbook of the learning sciences (the 2nd edition) (pp. 377–394). New York, NY: Cambridge University Press.）
- Steinkuehler, C. A. (2012). The mismeasure of boys: Reading and online videogames. In W. Kaminski & M. Lorber (Eds.), *Proceedings of game-based learning: Clash of realities conference* (pp. 33–50). Munich: Kopaed Publishers.

4.7

- Wilensky, U., & Jacobson, M. J. (2014). Complex systems and the learning sciences. In K. R. Sawyer (Ed.), *The Cambridge handbook of the learning sciences (the 2nd edition)* (pp. 319–338). New York, NY: Cambridge University Press.（ウィレンスキー，U.・ジェイコブソン，M. J.／大島 純（訳）(2016). 第 16 章 複雑系と学習科学 ソーヤー，R. K.（編）／大島 純・森 敏昭・秋田喜代美・白水 始（監訳） 学習科学ハンドブック［第二版］第 2 巻（pp. 57–72） 北大路書房）

4.8

野中郁次郎・竹内弘高 (1996). 知識創造企業 東洋経済新報社
- Paavola, S., Lipponenn, L., & Hakkarainen, K. (2004). Models of innovative knowledge communities and three metaphors of learning. *Review of Educational Research*, *74*(4), 557–576.
- Scardamalia, M., & Bereiter, C. (2014). Knowledge building and knowledge creation: Theory, pedagogy, and technology. In K. R. Sawyer (Ed.), *The Cambridge handbook of the learning sciences (the 2nd edition)* (pp. 397–417). New York, NY: Cambridge University Press.（スカーダマリア，M.・ベライター，C.／大島律子（訳）(2016). 第 20 章 知識構築と知識創造：理論，教授法，そしてテクノロジ ソーヤー，R. K.（編）／大島 純・森 敏昭・秋田喜代美・白水 始（監訳） 学習科学ハンドブック［第二版］第 2 巻（pp. 127–145） 北大路書房）

5.1

- Chinn, C. A. (2006). Learning to argue. In A. M. O'Donnell, C. E. Hmelo-Silver and G. Erkens (Eds.) *Collaborative learning, reasoning, and technology* (pp. 355–383). Mahwah, NJ: Erlbaum.
- Chinn, C. A., Anderson, R. C., & Waggoner, M. A. (2001). Patterns of discourse in two kinds of literature discussion. *Reading Research Quarterly*, *36*, 378–411.
- Hayashi, K., Wu, Z., Mochizuki, T., & Yamauchi, Y. (2018). Effectiveness of Crescent Shape Tables for Future Learning Spaces to Foster Students' Performance in Collaborative Learning. Poster presented at the annual meeting of the American Educational Research Association, New York, NY.
- Kuhn, D. (1991). *The skills of argument*. Cambridge, MA: Cambridge University Press.
- Leitão, S. (2000). The potential of argument in knowledge building. *Human Development*, *43*(6), 332–360.
- Leitão, S. (2001). Analyzing changes in view during argumentation: A quest for method. *Forum Qualitative Social Research*, *2*(3), Article 12. http://www.qualitative-research.net/index.php/fqs/article/view/907/1983
- Mercer, N., Wegerif, R., & Dawes, L. (1999). Children's talk and the development of reasoning

in the classroom. *British Educational Research Journal*, *25*(1), 95–111.

Muller Mirza, N., Perret-Clermont, A.-N., Tartas, V., & Iannaccone, A. (2009). Psychosocial processes in argumentation. In N. Muller Mirza & A.-N. Perret-Clermont (Eds.), *Argumentation and education: Theoretical foundations and practices* (pp. 67–90). New York: Springer.

西森年寿・中原 淳・杉本圭優・浦嶋憲明・荒地美和・永岡慶三 (2001). 遠隔教育における役割を導入した討論を支援する CSCL の開発と評価　日本教育工学雑誌, *25*(2), 103–114.

Rogat, T. K., Linnenbrink-Garcia, L., & DiDonato, N. (2013). Motivation in collaborative groups．In C. E. Hmelo-Silver, C. A Chinn, C. K. K. Chan and A. M. O'Donnell (Eds.) *International handbook of collaborative learning* (pp. 250–267). New York: Routledge.

Sandoval, W. A., & Millwood, K. (2005). The quality of students' use of evidence in written scientific explanations. *Cognition and Instruction*, *23*, 23–55.

Stegmann, K., Weinberger, A., & Fischer, F. (2007). Facilitating argumentative knowledge construction with computer-supported collaboration scripts. *International Journal of Computer-Supported Collaborative Learning*, *2* (4), 421–447.

Toulmin, S. E. (1958). *The uses of argument*. Cambridge: Cambridge University Press. (トゥールミン，S. E.／戸田山和久・福澤一吉（訳）(2011). 議論の技法：トゥールミンモデルの原点　東京図書)

山口悦司・望月俊男 (2016). 議論の支援　加藤 浩・望月俊男（編）　協調学習と CSCL (pp. 112–138)　ミネルヴァ書房

5.2

アロンソン，E.・パトノー，S.／昭和女子大学教育研究会（訳）(2016). ジグソー法ってなに？：みんなが協同する授業　丸善プラネット　(Aronson, E., & Patnoe, S. (2011). *Cooperation in the classroom: The Jigsaw method*. London: Pinter & Martin Ltd.)

Barron, B. (2003). When small groups fail. *The Journal of the Learning Sciences*, *12* (3), 307–359.

Damşa, C. I., & Ludvigsen, S. (2016). Learning through interaction and co-construction of knowledge objects in teacher education. *Learning, Culture and Social Interaction*, *11*, 1–18.

Hutchins, E. (1990). The technology of team navigation. In R. Galegher, R. Kraut and C. Egido (Eds.), *Intellectual teamwork: Social and technical bases of cooperative work*. Lawrence Erlbaum Associates. (ハッチンス，E.／宮田義郎（訳）(1992). チーム航行のテクノロジー　安西祐一郎・石崎 俊・大津由紀雄・波多野誼余夫・溝口文雄（編）　認知科学ハンドブック (pp. 21-35)　共立出版)

加藤 浩 (2004). 協調学習環境における創発的分業の分析とデザイン　ヒューマンインタフェース学会論文誌, *6*(2), 161–168.

Latané, B., Williams, K., Harkins, S. (1979). Many hands make light the work: The causes and consequences of social loafing. *Journal of Personality and Social Psychology*, *37* (6), 822–832.

Miyake, N., & Kirschner, P. A. (2014). The social andiInteractive dimensions of collaborative learning. In R. K. Sawyer (Ed.), *The Cambridge handbook of the learning sciences (the 2nd edition)* (pp. 418–438). New York: Cambridge University Press. (三宅なほみ・カーシュナー，P. A.／益川弘如（訳）(2016). 第 21 章　協調学習の社会的次元と相互作用的次元　ソーヤー，R. K.（編）／大島 純・森 敏昭・秋田喜代美・白水 始（監訳）　学習科

学ハンドブック　第 2 巻［第二版］（pp. 147–163）　北大路書房）
望月俊男・加藤 浩 (2017). 協調学習環境デザインのための創発的分業理論の再検討　教育システム情報学会誌, *34*(2), 84–97.
Roschelle, J. (1992). Learning by collaborating: Convergent conceptual change. *Journal of the Learning Sciences*, *2*, 235–276.
Teasley, S. D., & Roschelle, J. (1993). Constructing a joint problem space: The computer as a tool for sharing knowledge. In S. P. Lajoie and S. D. Derry (Eds.), *Computers as cognitive tools* (pp. 229–258). Hillsdale, NJ: Erlbaum.
Schneider, B., & Pea, R. (2013). Real-time mutual gaze perception enhances collaborative learning and collaboration quality. *International Journal of Computer-Supported Collaborative Learning*, *8*(4), 375–397.

5.3

Piaget, J. (1968). *Genetic epistemology* (E. Duckworth, Trans.), New York: Columbia University Press.（ピアジェ，J．／滝沢武久（訳）(1972). 発生的認識論　白水社）
アブラハムソン，D.・リンドグレン，R.／鈴木栄幸（訳）(2016). 第 18 章　身体化と身体化デザイン　ソーヤー，R. K.（編）／大島 純・森 敏昭・秋田喜代美・白水 始（監訳）学習科学ハンドブック［第二版］第 2 巻（pp. 91–107）　北大路書房　（Abrahamson, D., & Lindgren, R. (2014). Embodiment and embodied design. In R. K. Sawyer (Ed.), *The Cambridge handbook of the learning sciences* (the 2nd edition) (pp. 358–376). New York: Cambridge University Press.）
Van Rompay, T., Hekkert, P., & Muller, W. (2005). The bodily basis of product experience. *Design Studies*, *26*(4), 359–377.
Vygotsky, L. S. (1962). *Thought and language*. Cambridge, MA: MIT Press. (Original work published 1934).（ヴィゴツキー，L. S.　柴田義松（訳）(2001). 新訳版・思考と元語　新読書社）

5.4

Banchi, H., & Bell, R. (2008). The many levels of Inquiry. *Science and Children*, *46*(2), 26–29.
Bell, R. L., Smetana, L., & Binns, I. (2005). Simplifying inquiry instruction. *The Science Teacher*, *72*(7), 30–33.
Bereiter, C., & Scardamalia, M. (2006). Education for the knowledge age: Design-centered models of teaching and instruction. In P. A. Alexander and P. H. Winne (Eds.), *Handbook of educational psychology* (the 2nd edition)(pp. 695–713). Mahwah, NJ: Erlbaum.
Hmelo-Silver, C. E., Duncan, R. G., & Chinn, C. A. (2007). Scaffolding and achievement in problem-based and inquiry learning: A response to Kirschner, Sweller, and Clark (2006). *Educational Psychologist*, *42*, 99–107.
ルー，J.・ブリッジス，S.・メーローシルバー，C. E.／山口悦司（訳）(2016). 第 15 章　問題基盤型学習　ソーヤー，R. K.（編）／大島 純・森 敏昭・秋田喜代美・白水 始（監訳）学習科学ハンドブック［第二版］第 2 巻（pp. 37–56）　北大路書房　（Lu, J., Bridges, S., & Hmelo-Silver, C. E. (2014). Problem-Based Learning. In R. K. Sawyer (Ed.), *The Cambridge handbook of the learning sciences* (the 2nd edition) (pp. 298–318). New York: Cambridge University Press.）

Quintana, C., Reiser, B. J., Davis, E. A., Krajcik, J., Frez, E., Duncan, R. G. et al. (2004). A scaffolding design framework for software to support science inquiry. *Journal of the Learning Sciences, 13*, 337–386.

5.5

Bransford, J. D., & McCarrell, N. S. (1974). A sketch of a cognitive approach to comprehension: Some thoughts about understanding what it means to comprehend. In W. B. Weimer and D. S. Palermo (Eds.), *Cognition and the symbolic processes*. New York: John Wiley.

Bransford, J. D., & Schwartz, D. L. (1999). Rethinking transfer: A simple proposal with multiple implications. *Review of Research in Education, 24*, 61–100.

大石智広・望月俊男 (2019). 情報通信方式の科学的特徴を発見的に理解する情報科の授業の開発. 日本教育工学会研究報告集. *19*(2), 53–60.

Palincsar, A. S., & Brown, A. L., (1984). Reciprocal teaching of comprehension monitoring activities, *Cognition and Instruction, 1*, 117–175.

Renkl, A. (2002). Worked-out examples: instructional explanations support learning by self-explanations. *Learning Instruction, 12*, 529–556.

Rittle-Johnson, B., Star, J. R., & Durkin, K. (2012). Developing procedural flexibility: are novices prepared to learn from comparing procedures? *British Journal of Educational Psychology, 82*(3), 436–455.

Schwartz, D. L., Tsang, J. T., & Blair, K. P. (2016). *The ABCs of how we learn: 26 scientifically proven approaches, how they work, and when to use them*. New York: W. W. Norton & Company.

5.6

河野麻沙美 (2010). 算数授業における図的表現が媒介する協同的な学習過程の検討　東京大学博士論文（教育学）

McClain, K., & Cobb, P. (2001). An analysis of development of sociomathematical norms in one first-grade classroom. *Journal for Research in Mathematics Education, 32*(3), 236–266.

McClain, K. (2002). Teacher's and students' understanding: The role of tools and inscriptions in supporting effective communication. *Journal of the Learning Sciences, 11*(2–3). doi:10.1080/10508406.2002.9672138

Yackel, E., & Rasmussen, C. (2002). Beliefs and norms in the mathematics classroom. In G. C. Leder, E. Pehkonen and G. Törner (Eds.), *Beliefs: A hidden variable in mathematics education?* (pp. 313–330). Springer, Dordrecht.

6.1

Collins, A., & Kapur, M. (2014). Cognitive apprenticeship. In K. R. Sawyer (Ed.), *The Cambridge handbook of the learning sciences (the 2nd edition)* (pp. 109–127). New York, NY: Cambridge University Press. （コリンズ，A.・カプール，M.／北田佳子（訳）(2018). 第 6 章　認知的徒弟制　ソーヤー, R. K.（編）／森 敏昭・秋田喜代美・大島 純・白水 始（監訳）　学習科学ハンドブック［第二版］第 1 巻　(pp. 91–107)　北大路書房）

Lave, J., & Wenger, E. (1991). *Situated learning: Legitimate peripheral participation*. New York: Cambridge University Press. （レイヴ，J.・ウェンガー，E.／佐伯 胖（訳）(1993).

状況に埋め込まれた学習：正統的周辺参加　産業図書）

6.2

望月俊男・小湊啓爾・北澤 武・永岡慶三・加藤 浩 (2003). e-Learning におけるポートフォリオ評価法の動向とその応用　メディア教育研究, *10*, 25–37.

森本康彦 (2011). 高等教育における e ポートフォリオの最前線　システム／制御／情報, *55*, 425–431.

中川惠正研究室・富田英司（編）(2015). 児童・生徒のためのモニタリング自己評価法：ワークシートと共同学習でメタ認知を育む　ナカニシヤ出版

Reeve, J., & Jang, H. (2006). What teachers say and do to support students' autonomy during a learning activity. *Journal of Educational Psychology*, *98*(1), 209–218.

シャンク，D. H.・ジマーマン，B. J.／塚野州一（編訳）(2009). 自己調整学習と動機づけ　北大路書房（Schunk, D. H., & Zimmerman, B. J. (2007). *Motivation and self-regulated learning: Theory, Research, and Applications*. Routledge.）

高浦勝義 (1998). 総合学習の理論・実践・評価　黎明書房

ジマーマン，B. J.・シャンク，D. H.（編）／塚野州一・伊藤崇達（監訳）(2014). 自己調整学習ハンドブック　北大路書房　（Zimmerman, B. J., & Schunk, D. H. (2011). *Handbook of self-regulation of learning and performance*. Routledge.）

6.3

Chi, M. T., & Wylie, R. (2014). The ICAP framework: Linking cognitive engagement to active learning outcomes. *Educational Psychologist*, *49*(4), 219–243.

望月俊男 (2017).「深い学び」をとらえるための ICAP フレームワーク　理科の教育, *66* (776), 11–14.

6.4

Damşa, C. I., Kirschner, P. A., Andriessen, J. E. B., Erkins, G., & Sins, P. H. M. (2010). Shared epistemic agency: An empirical study of an emergent construct. *The Journal of the Learning Sciences*, *19*, 143–186.

Darnon, C., Muller, D., Schrager, S. M., Pannuzzo, N., & Butera, F. (2006). Mastery and performance goals predict epistemic and relational conflict regulation. *Journal of Educational Psychology*, *98*(4), 766–776.

Hakkarainen, K., Paavola, S., Kangas, K., & Setiamaa-Hakkarainen, P. (2013). Sociocultural perspectives on collaborative learning: Toward collaborative knowledge creation. *The International Handbook of Collaborative Learning*. Routledge.

Järvenoja, H., & Järvelä, S. (2009). Emotion control in collaborative learning situations: Do students regulate emotions evoked by social challenges? *British Journal of Educational Psychology*, *79*(3), 463–481.

Miller, M., & Hadwin, A. (2015). Scripting and awareness tools for regulating collaborative learning: Changing the landscape of support in CSCL. *Computers in Human Behavior*, *52*, 573–588.

大島律子・大島 純・石山 拓・堀野良介 (2006). CSCL システムを導入した協調学習環境の形成的評価：メンタリングを通じた学習環境の解釈と支援　日本教育工学会論文誌, *29*(3), 261–270.

坂本美紀・山口悦司・稲垣成哲・大島 純・大島律子・村山 功・中山 迅・竹中真希子・山本智一・藤本雅司・橘 早苗 (2010). 知識構築型アーギュメントの獲得：小学生を対象とした科学技術問題に関するカリキュラムの開発と改善を通して　教育心理学研究，*58*(1), 95–107.

6.5

Argyris, C. (2002). Double-loop learning, teaching, and research. *Academy of Management Learning and Education*, *1*(2), 206–218.

Schön, D. (1984). *The reflective practitioner: How professionals think in action*. New York: Basic Books.（ショーン，D.／佐藤 学・秋田喜代美（訳）(2001)．専門家の知恵：反省的実践家は行為しながら考える　ゆみる出版）

6.6

Bereiter, C. (2002). *Education and Mind in the knowledge age*. Mahwahm New Jersey: Lawrence Erlbaum Associate Inc.

ルー，J.・ブリッジス，S.・メーローシルバー，C. E.／山口悦司（訳）(2016)．第15章　問題基盤型学習　ソーヤー，R. K.（編）／大島 純・森 敏昭・秋田喜代美・白水 始（監訳）学習科学ハンドブック［第二版］第2巻（pp. 37–56）北大路書房　(Lu, J., Bridges, S., & Hmelo-Silver, C. E. (2014). Problem-Based Learning. In R. K. Sawyer (Ed.), *The Cambridge handbook of the learning sciences* (the 2nd edition) (pp. 298–318). New York: Cambridge University Press.)

Quintana, C., Reiser, B. J., Davis, E. A., Krajcik, J., Fretz, E., Duncan, R. G., . . . Soloway, E. (2004). A scaffolding design framework for software to support science inquiry. *Journal of the Learning Sciences*, *13*(3), 337–386. doi:10.1207/s15327809jls1303_4

Wood, D., Bruner, J. S., & Ross, G. (1976). The role of tutoring in problem solving. *Journal of Child Psychology and Psychiatry*, *17*(2), 89–100. doi:10.1111/j.1469-7610.1976.tb00381.x

6.7

Clark, K., & Sheridan, K. (2010). Game design through mentoring and collaboration. *Journal of Educational Multimedia and Hypermedia*, *19*(2), 125–145.

ハルバーソン，E. R.・シェリダン，K. M.／佐川早季子・荷方邦夫（訳）(2016)．第31章　芸術教育と学習科学　ソーヤー，R. K.（編）／秋田喜代美・森 敏昭・大島 純・白水 始（監訳）学習科学ハンドブック［第二版］第3巻（pp. 93–94）北大路書房　(Halverson, E. R., & Sheridan, K. M. (2014). Arts education and the learning sciences. In R. K. Sawyer (Ed.), *The Cambridge handbook of the learning sciences* (the 2nd edition) (pp. 626–646). New York: Cambridge University Press.)

Kafai, Y. B. (2006). Constructionism. In R. K. Sawyer (Ed.), *Combridge handbook of the learning sciences*. Cambridge, MA: Cambridge University Press.（カファイ，Y. B.／吉田裕典（訳）(2009)．コンストラクショニズム　ソーヤー，R. K.（編）／森 敏昭・秋田喜代美（監訳）　学習科学ハンドブック（pp.30-40）　培風館）

太田 剛・森本容介・加藤 浩 (2016)．諸外国のプログラミング教育を含む情報教育カリキュラムに関する調査：英国，オーストラリア，米国を中心として　日本教育工学会論文誌，*40*(3), 197–208.

Papert, S., & Harel. I. (1991). Situating constructionism. In I. Harel and S. Papert (Eds.), *Constructionism* (pp. 1–11), Noorwood, NJ: Ablex Publishing Corporation.

Peppler, K. A. (2010). Media arts: Arts education for a digital age. *Teachers College Recoord*, *112*(8), 2118–2153.

7.1

望月俊男 (2017).「深い学び」をとらえるための ICAP フレームワーク　理科の教育, *66*(776), 11-14.

Pellegrino, J. W., Chudowsky, N., & Glaser, R. (2001). *Knowing what students know: The science and design of educational assessment*. Washington, D.C.: National Academy Press.

7.2

Oshima, J., Oshima, R., & Matsuzawa, Y. (2012). Knowledge building discourse explorer: A social network analysis application for knowledge building discourse. *Educational Technology Research & Development*, *60*, 903–921.

Sawyer, K., Frey, R., & Brown, P. (2013). Dataset description: Peer-led team learning in general chemistry. In D. Suthers, K. Lund, C. Rose, N. Law, C. Teplovs and G. Dyke (Eds.), *Productive multivocality in the analysis of collaborative learning* (pp. 183–190). New York, NY: Springer.

Chapter 7 Column

Chinn, C. A., Rinehart, R. W., & Buckland, L. A. (2014). Epistemic cognition and evaluating information: Applying the AIR model of epistemic cognition. In R. N. Rapp and J. L. G. Braasch (Eds.), *Processing inaccurate information: Theoretical and applied perspectives from cognitive science and the educational sciences* (pp. 425–453). Cambridge: MIT Press.

Hofer, B. K. (2016). Epistemic cognition as a psychological construct: Advancements and challenges. In J.A. Greene, W.A. Sandoval and I. Bråten (Eds.), *Handbook of epistemic cognition* (pp. 19–39). New York: Routledge.

Lampert, M. (1990). When the problem is not the question and the solution is not the answer: Mathematical knowing and teaching. *American Educational Research Journal*, *27*, 29-63

Muis, K. R. (2007). The role of epistemic beliefs in self-regulated learning. *Educational Psychologist*, *42*, 173–190.

Saxe, G. (1990). The interplay between children's learning in formal and informal social contexts. In M. Gardner, J. Greeno, F. Reif and A. Schoenfeld (Eds.), *Toward a scientific practice of science education* (pp.219–234). HIllsdale, NJ: Lawrence Erlbaum Associates.

Schoenfeld, A. H. (1991). On mathematics as sense-making: An informal attack on the unfortunate divorce of formal and informal mathematics. In J. F. Voss, D. N. Perkins and J. W. Segal (Eds.), *Informal reasoning and education* (pp. 311–343). Hillsdale, NJ, US: Lawrence Erlbaum Associates, Inc.

8.1

Dudley, P. (2011). Lesson study development in England: from school networks to national policy. *International Journal for Lesson and Learning Studies*, *1*(1), 85–100.

Stigler, J. W., & Hiebert, J. (1999). *The teaching gap: Best ideas from the world's teachers for improving education in the classroom.* New York: Free Press.

Vrikki, M., Warwick, P., Vermunt, J. D., Mercer, N., & Van Halem, N. (2017). Teacher learning in the context of lesson study: A video-based analysis of teacher discussions. *Teaching and Teacher Education, 61*, 211–224. doi:10.1016/j.tate.2016.10.014

8.2

バラブ，S．／大浦弘樹・大島 純（訳）(2018)．第 8 章　デザイン研究：変化をもたらす方法論的道具　R. K. ソーヤー（編）／森 敏昭・秋田喜代美・大島 純・白水 始（監訳）　学習科学ハンドブック［第二版］第 1 巻（pp. 127–143）　北大路書房　(Barab, S. (2014). Design-Based Research: A methodological toolkit for engineering change. In R. K. Sawyer (Ed.), *The Cambridge handbook of the learning sciences (the 2nd edition)* (pp. 151–170). New York: Cambridge University Press.)

DBR Collective (2003). Design-Based Research: An Emerging Paradigm for Educational Inquiry. *Educational Researcher, 32*(1), 5–8.

エンゲストローム，Y．／山住勝広（訳）(2018)．拡張的学習の挑戦と可能性：いまだにここにないものを学ぶ　新曜社　(Engeström, Y. (2014). *Learning by expanding: An activity-theoretical approach to developmental research.* New York, NY: Cambridge University Press.)

グリフィン，P．・マクゴー，B．・ケア，E．（編）／三宅なほみ（監訳）　益川弘如・望月俊男（編訳）(2014)．21 世紀型スキル：学びと評価の新たなかたち　北大路書房

9.1

Fishman, B. & Penuel, W. (2018). Design-based implementation research. In F. Fischer, C. E. Hmelo-Silver, S. R. Goldman and P. Reimann (Eds.), *International handbook of the learning sciences* (pp. 393–400). New York, NY: Routledge.

9.2

Engeström, Y. (2014). *Learning by expanding: An activity-theoretical approach to developmental research.* New York, NY: Cambridge University Press. （エンゲストローム，Y．／山住勝広（訳）(2018)．拡張的学習の挑戦と可能性：いまだにここにないものを学ぶ　新曜社）

索　引

【A-Z】
Active モード　147

BYOD（bring your own device）　99

Constructive モード　149
CTGV（Cognition and Technology Group at Vanderbilt）　37

e ポートフォリオ　144

ICAP フレームワーク　147
Interactive モード　149

STEAM 教育　122, 166
STEM 教育　122, 166

Passive モード　147

【あ】
アクションリサーチ　187
足場かけ　82, 91, 116, 160
足場はずし　160
アンカー作品　172

意味づけ　68

越境　116

【か】
外化　22, 31, 72, 164
外的協調スクリプト　62

概念変化　9
外発的動機づけ　46, 91
各教科の見方や考え方　171
学習共同体（学びの共同体）　36
学習者中心　93
学習者中心の評価　168
学習分析学（learning analytics）　168, 173
確証バイアス　16
獲得メタファ　41
学校知　36
活動システム　196, 197
活動理論　196
カリキュラム　94
間主観性（intersubjectivity）　70

協調　32, 59
協調学習　68
共調整（相互調整）　60, 116
協調的議論　110
共同（協同）　32, 59
協同学習　68
共同注視　72, 116
興味　47, 91

形成的評価　144
研究授業　183
建設的相互作用（constructive interaction）　33, 71

行為についてのリフレクション　157
行為の中のリフレクション　157
構成主義　29, 33, 160, 164
構築主義　29, 164
校内研修　183

217

誤概念　9
心の理論　63
コラボレーション　32, 40
コンピュータに支援された協調学習（CSCL）
　　99, 114

【さ】
参加型シミュレーション　103
参加メタファ　42
支援スクリプト理論　62
ジグソー学習法　117
自己決定性　55
自己決定理論　46
自己考案　84
自己効力感　55
自己説明　25, 128, 158
自己調整学習　48, 54, 142, 177
シミュレーション　102, 120
社会感情的問題　152
社会共有的調整学習（socially shared regulation
　　of learning）　61, 152
社会構成主義　34
社会数学的規範　132
社会的手抜き　117
社会認知的問題　152
社会ネットワーク分析　175
集団の認知責任　73, 116
収斂説　70
授業研究　182, 187
主体性（agency）　55, 114
準備活動　83, 87
自律性　142
事例対比　84, 130
真正性　71
身体化デザイン　120
信念モードの学び　107
信頼できるプロセス　178

推論　26
スキーマ　4, 30

スクリプト　4, 114

制御　142
生産的失敗（Productive Failure：PF）　20,
　　87
積極的関与　47, 91
説明的探究　111

相互教授法　53, 129, 161
相互調整学習（共調整学習）　60
創発的分業　119
素朴理論　63

【た】
多重符号化仮説（理論）　23
探究学習　123

知識構築　73, 105, 112, 160
知識創造組織　105
知識創造メタファ　43
知識統合　78
調整（regulation）　59

デザイン研究　92, 187
デザイン原則　93, 188
デザイン実施研究　192
デザインモードの学び　106
転移　17, 78, 83

トゥールミン・モデル　112, 113
動機づけ　46, 91, 98
徒弟制　138

【な】
内的協調スクリプト　62
内発的動機づけ　46, 91

21世紀型スキル　32, 69, 96
認識的規準　178
認識的認知　111, 177

認識的目標　　178
認識論的信念　　177
認識論的理解　　66
認知的葛藤（cognitive conflict）　　13
認知的徒弟制　　139
認知的負荷理論　　23

【は】
バーチャルワールド　　100
発達の最近接領域　　160

ビデオゲーム　　99
批判的議論　　111
評価の三角形　　169

フィードバック　　142
複雑系　　101
プログラミング教育　　165
プロトコル分析　　22
プロンプト　　28
分業　　116
分業の再編成　　117
分散認知　　115

変則的データ　　16

ポートフォリオ評価法　　142

【ま】
マルチメディア学習　　98

未来の学習のための準備（Preparation for Future Learning：PFL）　　20, 83

メタ認知　　49, 54, 142, 177
メタ認知的活動　　50-52
メタ認知的コントロール　　51, 52
メタ認知的知識　　50-52, 54
メタ認知的モニタリング　　51, 52, 54
メンタルモデル　　6, 25

モデルベース学習（Model-Based Learning）　　13, 120
モニタリング自己評価法　　146
モバイルラーニング　　99
模範例　　128
問題解決（活動）　　69, 87
問題基盤型学習　　123

【ら】
ラーニング・プログレッションズ　　94, 170

リフレクション　　56, 156

ルーブリック評価　　170

編者対談

あとがきにかえて

機が熟した,今だから必要な『学習科学ガイドブック』

大島:やっと初校があがってきました。おつかれさまでした。学習科学の入門書が必要だって千代さんに言われ続けて10なん年ですかね?

千代西尾:そう。俺がまだ指導主事してた頃。いやー,長かった(笑)。

大島:いやいや。本当にお待たせしました。腰が重くてすんません(笑)。あの頃から学習科学に対する世の中の捉え方が変わってきてる気がします。10数年前は,知る人ぞ知る的な感じでした。今じゃ,学習指導要領の中に「学習科学」という言葉が登場していて,現場にも「学習を科学する学問があるんだ」という認識はされてきている?

千代西尾:場所によると思うな。鳥取は教育委員会が主催する研修や議会質問に「学習科学」という言葉が出てるから,ある程度浸透しているけど,よそでは今年から協調学習に取り組みますってところもあるし。

大島:なるほど。確か,現職の先生たちや先生になろうとしている人にとって,学習科学のいろいろな知見は知っていたほうがいいんじゃないか,そのための本が必要じゃないかって,ずっと聞かされてきた気がします(笑)。

千代西尾:そう(笑)。1番の問題は,ショーンのいう反省的実践家的にがんばってる現場のコミュニティと,研究者のコミュニティが離れているってこと。使っている言葉すら違う。現場と研究者をつなぐかけ橋が必要なんですよ。本来は,指導主事が間をうまくつなげればいいんだけど,指導主事だけのがんばりじゃ厳しい。やっぱり現場と研究者の信頼関係が重要でしょう。「一緒に授業をよくするんだ」って関係を築けないと。そのためには,大

島さんたちのような学習科学の研究者みたいに，とにかく現場に出ていって，そこから一緒につくっていくんだという人が重要。

大島：まあ，キース・ソーヤーも「学習科学者の関心は理論と実践の橋渡しにある」って言ってるくらいだからね（『学習科学ハンドブック［第二版］ 第1巻』北大路書房 p.20 参照）。そりゃ，「一緒につくっていくんだ」ってマインドの人が揃ってますよ。だから，授業を見てコメントしてくださいって言われることあるけど，授業見た後にコメントするのって心苦しい。聞いてるほうは「どうせなら授業前に言ってよ」って思っているだろうし，こっちも「授業デザインの段階から一緒に入りたかった」って思ってる。一緒に授業をつくりたいって思っている現場の先生と研究者が出会えると，デザイン研究につながるんだろうね。

千代西尾：そうは言っても，使っている言葉が違うってのも事実。間を取り持つためにも，現場の言葉と学習科学の言葉が使えるバイリンガルが必要って思ってて…。「学校の先生になるなら，このくらい知っておいてよ」という本をつくりたかった。で，10なん年「やれ」って言い続けた（笑）。

大島：（笑）。まぁ，2016年から出させてもらった『学習科学ハンドブック［第二版］』の翻訳本への反応もそれなりに良いみたいだし，世の中に学習科学という領域が少しずつ知られてきているタイミングではあるよね。今が，まさに入門書が必要とされ始めている時期なのかもしれない。あと，渋る僕を激励してくれるこの本の共著者たちのような若手が出てきたから本がつくれるってことで。

千代西尾：そうだね。この10なん年は，熟成させてた。

大島：そう，機が熟したってことで（笑）。

すべての人のための「学びの理論の入門書」

大島：この本は『学習科学ガイドブック』ということで，入門書という位置づけになっているけど，どんなふうに使ってもらえそうでしょうかね？

千代西尾：「指導主事へおすすめしやすい本ができた」って実感があるな。指導主事になったばっかりの人に「これ読んで理論武装してから現場に行くと，自信をもって指導できるよ」って言える。「ハンドブック3冊をちょっ

と読んどいて」とは言いづらい。

大島：いや〜，「ハンドブック3冊読んどいて」はキツイ（笑）。

千代西尾：指導主事になるような人は力がある。そもそも，そこまでの豊富な経験則や経験値がある。さらに応用する力もある。あとは理論。ってことで，この本でそのあたりをカバーできるようになったと思う。この対談，文字になるんだよね？「『全国各地の指導主事の方は買って読んでほしい』と思います」って，必ず入れといて。

大島：わかりました（笑）。

千代西尾：あとは，教職大学院の実務家教員の理論武装に使ってもらえると思う。俺が担当した院生に，学習科学の本をひたすら読んでもらっているのね。そうしたら，多くの院生が「なんでこんなに大事なものが現場に知られてないんだ」って言う。で，学んだことを参考にして自分の授業を変えていこうとする。そういう姿を見ていて，やっぱり教職大学院の実務家教員の理論武装のためには，学習科学って研究分野がきちんとあって，ちゃんと伝えていけるようにする必要があるんだろうなって思う。

大島：なるほど。僕は学習科学の研究者として，学生の教科書に使えるって感じてますね。学生に「この本を読んだら？」って言える。ハンドブックの翻訳を出すって話も，若い人たちから「日本語で学生が読める教科書がないから必要なんです」って言われたんだけど，学生に読ませようとしたときに，日本語でちゃんとしたものを薦められるというのは良いことだと思いますね。「メタ認知ってなんですか？」って聞かれたときに，「学習科学的には」って，この本を渡せるというのは意味があるって感じてますね。

千代西尾：研究に関係なく，一般の学生にも役立ちそうなんだよね。俺の担当している教職科目には，もちろん教員を目指してない学生も受講するんだけど，そういった学生たちの感想を見ると「教員になる予定はないけど，自分たちが社会人になって生きていこうとしたときに，必要な考え方を知った」っていうようなものがある。「自分がどう学ぶか」とか，「人がどう学ぶかって」いうのは，どの職種になっても絶対必要な理論なんだよね。そう考えると，その必要な理論が，大学教育の中で，何学部でもいいから，1年生が最初に出会うような理論であってほしいなっていうのがあるな。そうしたら，そ

の子のそれからの大学4年間の過ごし方が，たぶん変わると思う。

大島：自分を自己分析できるようになるよね。

千代西尾：そうなると，大学の卒業時の実力が変わってくると思うから，教育学部の教員だけでなく，広く大学の教員にも読んでもらえたら嬉しい。

大島：確かに，この本のメインとなる読者は教育現場だろうけど，学習科学の対象は教室空間や子どもだけじゃないですからね。あと，「人の学び」を扱っているっていう意味では，企業の人にも使っていただける気がします。最近，学習科学について，企業の方が興味をもってくださっていて…。通常の研修のように「知っていなければいけないことを教える」というのではなくて，それを彼らがうまく学べるような素地をつくる，学び方みたいなものを扱う研修のデザインに興味をもってらっしゃる。そういうところには，学習科学が貢献できそうな気がしますね。

現場と研究者がともに学ぶ新たな枠組みに向けて

大島：そろそろ時間も残り少なくなってきたし，少し今後の話でもしましょうか。

千代西尾：今後の話で，ちょっと心配なのが，この本を読んで「現場が学習科学者を呼びたいとなったときに，学習科学の研究者があまりいない」ってこと。昔も，何かが注目されるたびに，現場が専門家を自称する人を招いてしまって，その研究領域自体の信頼が崩れたってことは何度もあったから，同じことが起きないか少し心配。

大島：その自称専門家問題は，しょうがないんじゃないかな。この本の執筆者に声をかけてくれれば大丈夫だと思うけれど…。

千代西尾：そもそも，日本の大学に学習科学って専門領域がないじゃん。

大島：……。そうだ。致命的だ。

千代西尾：そう。致命傷。さっきのバイリンガルの話もそうだけど，現場と研究者をつなぐっていっても，現場とどこをつなげばいいかわからない。学習科学を扱っている教育学部もほとんどないから，教育学部とつなげばいいわけでもない。

大島：確かに，学習科学の専門家育成機関がないっていうのは問題で，海外では学習科学の専門家をつくる組織がたくさんできているのに，日本にはな

い。そういう意味では，俺らのやっている仕事は「火の守り」をしてるのかもしれない。ガイドブックをつくっておかないと，日本で「学習科学」の火が消えるかもしれない，なんて思ったりはしますね。

千代西尾：学習科学は，「大学の学問」じゃないのかもしれない。

大島：というと？

千代西尾：大学でする学問なんだろうとは思うけど，大学だけでやるものじゃないじゃん。大学が主導する感じのもんでもないし。「大学の学問」ってなると，なんだかしっくりこない。現場の教員の学問ではあると思うよ。間違いないのは，「現場の学問だ」ってことだと思う。

大島：なるほど。明るい未来に夢を語るとしたら，どんな方向性が考えられますかね？

千代西尾：うーむ。やっぱり「学会」ってなるのかな。でも，大学の研究者主導の学会じゃ面白くない。民間企業と教育委員会を巻き込んだ学会のようなものをつくったら面白いかもしれない。企業と教育委員会が発起人に入って，細々と始める。「メンバーにはこの人たちが来てくれます」ってなってて，「これから，勉強したい人は集まれ」って言って，細々と質の高い学会を続けていく。でかくなればでかくなったでそれでいいんだけど。

大島：わかる，わかる。勉強したいと思った人がきちんと集まれて，有益なものの提供を定期的にやれるという感じ。学習科学ハンドブックについては，オンラインミーティングをやっているんだけど，内容は研究者向けのものですね。それのガイドブック版として，対面で，みんなで週末にあつまってわーって勉強して，飲みたい人は飲みに行って，翌日は帰ります，みたいな。そういうのに賛同してくださる教育委員会のところを順に回ってという感じで。

千代西尾：そうそうそう。

大島：それはいいかもしれない。でも，それは「日本学習科学会」じゃないね。「日本」と入ると，「日本の学習科学」になっちゃう可能性がある。

千代西尾：左ハンドルだったのが，日本に入ってきた途端に右ハンドルになっちゃうみたいな？

大島：そうそう。「なんかちょっと違うね」みたいな（笑）。それが危惧されるのだとすると，国際学習科学会と連携した組織になるといいんだろうね。国際

学習科学会ほどの敷居の高さはないけれど，つながりが残ったまま，何らかのかたちで日本の中で定期的に活動しつつ進めていく。RECLS（Research and Education Center for the Learning Sciences，静岡大学大学院教育学研究科学習科学研究教育センター）では近いかたちで研究者向けの勉強会をやってきているから，それの現場向けのものを手弁当で…って感じで。

千代西尾：「国際学習科学会　日本支部」みたいな感じ？

大島：そう。「学会」っていうと，研究発表しなきゃいけないっていうのはあるかもしれないけど，日本語で日本の人たちが国際学習科学会の共催みたいなかたちでやれるような組織づくりは，できたほうがいいかもしれない。

千代西尾：その会に，教育委員会が発起人として入っててくれると，現場の先生が参加しやすくなるよ。「県から毎年1回参加させてあげます」みたいにできそう。鳥取県だと「エキスパート教員」という制度があって，そのエキスパート教員になったら勉強したいところに勉強に行っていいって，旅費がもらえる。そういう制度の中に組み込んでもらって，全国各地からいろんな人が集まって，自分の実践を発表して，それを学習科学の目線で検討して，じゃあ次どうしたらいいかねーみたいなことを考え，デザイン研究につなげていくみたいな勉強集団がドサ回りする。

大島：「勉強集団ドサ回り系」か，いいね。

千代西尾：ドサ回りは成果が出しにくいので，大学の組織ではそういうことがやりづらいのかもしれない。だから，新しいかたちのドサ回り勉強会みたいなものがあったらいいし，その母体としては後ろに国際学習科学会がついているよってなったら，いろいろ変わっていくのかなって気がするけどね。

大島：なるほど。そのあたりについては，実際にいろんな考え方を模索中なので，検討していきましょう。

千代西尾：とにかく，この本が出て，学習科学が盛り上がってくれたら嬉しいよね。

大島：人手が少ないから忙しくなるかもしれないけど，「まぁでも，よかったね」みたいな話になるといいですね。

2019年7月　大島 純×千代西尾 祐司

執筆者一覧

[編　者]

大島　純（静岡大学大学院総合科学技術研究科）……… 1.1, 2.1, 2.4, 3.2, 3.3, 4.7, 4.8, 6.1, 6.5, 7.2, 9.1, 9.2, Chapter2, 3 Column

千代西尾祐司（公立鳥取環境大学環境学部）

[著　者]

益川　弘如（聖心女子大学現代教養学部）……………… 序章
河﨑　美保（静岡大学教育学部）……………………… 1.1, 3.5, 5.4
山口　悦司（神戸大学大学院人間発達環境学研究科）… 1.2, 1.4, 4.5, 5.1
大浦　弘樹（東京理科大学教職教育センター）………… 1.3, 4.2, 4.3, 8.2
望月　俊男（専修大学ネットワーク情報学部）………… 2.2, 3.2, 3.3, 3.6, 4.1, 5.1, 5.2, 5.5, 6.2, 6.3, 7.1, Chapter7 Column
北澤　武　（東京学芸大学大学院教育学研究科）……… 2.3, 3.1, 4.4, 4.6, 5.3, 6.7
大島　律子（静岡大学大学院総合科学技術研究科）…… 2.5, 3.4, 6.4
河野麻沙美（上越教育大学大学院学校教育研究科）…… 5.6, 6.6, 8.1
大﨑　理乃（東京都立産業技術大学院大学）…………… 編集協力

＊編者対談でふれた、学習科学ハンドブックのオンラインミーティングは、公開されている。興味のある方はアクセスしてほしい。

学習科学ハンドブック Webinar　　https://tinyurl.com/y633g89c

主体的・対話的で深い学びに導く
学習科学ガイドブック

| 2019 年 9 月 20 日 | 初版第 1 刷発行 | 定価はカバーに表示 |
| 2025 年 6 月 20 日 | 初版第 6 刷発行 | してあります。 |

編　者　大　島　　　純
　　　　千代西尾　祐　司

発行所　（株）北 大 路 書 房
　　　　〒 603-8303
　　　　京都市北区紫野十二坊町 12-8
　　　　電　話　(075) 431-0361（代）
　　　　FAX　(075) 431-9393
　　　　振替　01050-4-2083

編集・デザイン・装丁　上瀬奈緒子（綴水社）
印刷・製本　亜細亜印刷（株）

©2019　ISBN978-4-7628-3080-8　Printed in Japan
検印省略　落丁・乱丁本はお取り替えいたします

・ JCOPY 〈(社)出版者著作権管理機構 委託出版物〉
本書の無断複写は著作権法上での例外を除き禁じられています。
複写される場合は，そのつど事前に，(社)出版者著作権管理機構
（電話 03-5244-5088, FAX 03-5244-5089, e-mail: info@jcopy.or.jp）
の許諾を得てください。